© 2021 Nas E. Boutammina
Graphisme : Nas E. Boutammina
Édition: BoD - Books on Demand
12/14 rond-point des Champs-Élysées, 75008 Paris
Impression : BoD - Books on Demand, Norderstedt, Allemagne
ISBN: 9782322397716
Dépôt légal: Octobre 2021

Dans les mêmes éditions

- NAS E. BOUTAMMINA, « Y-a-t-il eu un temple de Salomon à Jérusalem ? », Edit. BoD, Paris [France], aout 2011.
- NAS E. BOUTAMMINA, « Les ennemis de l'Islam - Le règne des Antésulmans - Avènement de l'Ignorance, de l'Obscurantisme et de l'Immobilisme », Edit. BoD, Paris [France], avril 2010, 2ᵉ édition février 2012.
- NAS E. BOUTAMMINA, « Le secret des cellules immunitaires - Théorie bouleversant l'Immunologie [The secrecy of immune cells - Theory upsetting Immunologie] », Edit. BoD, Paris [France], mars 2012.
- NAS E. BOUTAMMINA, « Le Livre bleu - I - Du discours social », Edit. BoD, Paris [France], juillet 2014.
- NAS E. BOUTAMMINA, « Le Rétablisme », Edit. BoD, Paris [France], septembre 2013, 2ᵉ édition mars 2015.
- NAS E. BOUTAMMINA, « Comprendre la Renaissance - Falsification et fabrication de l'Histoire de l'Occident », Edit. BoD, Paris [France], août 2013, 2ᵉ édition avril 2015.
- NAS E. BOUTAMMINA, « Connaissez-vous l'Islam ? », Edit. BoD, Paris [France], mars 2010, 2ᵉ édition avril 2015.
- NAS E. BOUTAMMINA, « Le Malāk, entité de l'Invisible », Edit. BoD, Paris [France], mai 2015.
- NAS E. BOUTAMMINA, « Jésus fils de Marie ou Hiyça ibn Māryām ? », Edit. BoD, Paris [France], janvier 2010, 2ᵉ édition juin 2015.
- NAS E. BOUTAMMINA, « Index Historum Prohibitorum », Edit. BoD, Paris [France], juin 2015.
- NAS E. BOUTAMMINA, « Moïse ou Moūwça ? », Edit. BoD, Paris [France], janvier 2010, 2ᵉ édition juin 2015.
- NAS E. BOUTAMMINA, « Mahomet ou Moūhammad ? », Edit. BoD, Paris [France], mars 2010, 2ᵉ édition juin 2015.
- NAS E. BOUTAMMINA, « Abraham ou Ibrāhiym ? », Edit. BoD, Paris [France], février 2010, 2ᵉ édition juin 2015.
- NAS E. BOUTAMMINA, « Musulmophobie - Origines ontologique et psychologique », Edit. BoD, Paris [France], décembre 2009, 2ᵉ édition juillet 2015.

- Nas E. Boutammina, « Les Jinn bâtisseurs de pyramides… ? », Edit. BoD, Paris [France], juin 2009, 2ᵉ édition septembre 2015.
- Nas E. Boutammina, « La Mort - Approche anthropologique et eschatologique », Edit. BoD, Paris [France], novembre 2015.
- Nas E. Boutammina, « Les contes des mille et un mythes - Volume I », [Edit. Originale 1 vol., Saint-Etienne, août 1999]. Edit. BoD, Paris [France], juillet 2011, 2ᵉ édition février 2017.
- Nas E. Boutammina, « Les contes des mille et un mythes - Volume II », [Edit. Originale 1 vol. août 1999]. Edit. BoD, Paris [France], novembre 2011, 2ᵉ édition février 2017.
- Nas E. Boutammina, « Le Jinn, créature de l'Invisible », Edit. BoD, Paris [France], décembre 2010, 2ᵉ édition février 2017.
- Nas E. Boutammina, « Sociologie du Français musulman - Perspectives d'avenir ? », Edit. BoD, Paris [France], mai 2011, 2ᵉ édition février 2017.
- Nas E. Boutammina, « Judéo-christianisme - Le mythe des mythes ? », Edit. BoD, Paris [France], juin 2011, 2ᵉ édition mars 2017.
- Nas E. Boutammina, « De l'abomination de la Politique, des politiciens et des partis », Edit. BoD, Paris [France], mars 2018.
- Nas E. Boutammina, « Une société sans politicien, sans parti politique - Concours National aux Fonctions de l'Appareil Etatique [CNFAE] », Edit. BoD, Paris [France], mars 2018.
- Nas E. Boutammina, « Iblis, le Seigneur du monde », Edit. BoD, Paris [France], juin 2019.
- Nas E. Boutammina, « L'Homme caractérisation ontologique - Le Complexe CRN », Edit. BoD, Paris [France], novembre 2019.
- Nas E. Boutammina, « Sur la piste des Berbères », Edit. BoD, Paris [France], novembre 2020.
- Nas E. Boutammina, « Le numide langue populaire de la Berbérie », Edit. BoD, Paris [France], septembre 2021.

Ouvrage traduit en version anglaise

- Nas E. Boutammina, « The Retabulism », Edit. BoD, Paris [France], février 2018.
- Nas E. Boutammina, « The Kaabaean, prototype of writing systems », Edit. BoD, Paris [France], janvier 2019.

Collection Néoanthropologie [Anthropologie de l'Islam]

- NAS E. BOUTAMMINA, « Apparition de l'Homme - Modélisation islamique - Volume I », Edit. BoD, Paris [France], août 2010, 2ᵉ édition juillet 2015.
- NAS E. BOUTAMMINA, « L'Homme, qui est-il et d'où vient-il ? - Volume II », Edit. BoD, Paris [France], octobre 2010, 2ᵉ édition juillet 2015.
- NAS E. BOUTAMMINA, « Classification islamique de la Préhistoire - Volume III », Edit. BoD, Paris [France], novembre 2010, 2ᵉ édition juillet 2015.
- NAS E. BOUTAMMINA, « Expansion de l'Homme sur la Terre depuis son origine par mouvement ondulatoire - Volume IV », Edit. BoD, Paris [France], novembre 2010, 2ᵉ édition juillet 2015.
- NAS E. BOUTAMMINA, « Le Kaabaéen prototype des systèmes d'écriture » - Volume V », Edit. BoD, Paris [France], avril 2016, 2ᵉ édition mai 2016.
- NAS E. BOUTAMMINA, « Industries, vestiges archéologiques et préhistoriques - Action aléatoire de la nature & Action intentionnelle de l'Homme » - Volume VI », Edit. BoD, Paris [France], juillet 2016.

Collection Œuvres universelles de l'Islam

- NAS E. BOUTAMMINA, « Les Fondateurs de la Chimie », Edit. BoD, Paris [France], octobre 2013.
- NAS E. BOUTAMMINA NAS E. BOUTAMMINA, « Les Fondateurs de la Pharmacologie », Edit. BoD, Paris [France], novembre 2014.
- NAS E. BOUTAMMINA, « Les Fondateurs de la Médecine », Edit. BoD, Paris [France], septembre 2011, 2ᵉ édition mars 2017.
- NAS E. BOUTAMMINA, « Les Fondateurs de la Botanique », Edit. BoD, Paris [France], mai 2017.
- NAS E. BOUTAMMINA, « Les Fondateurs de l'Agronomie », Edit. BoD, Paris [France], juin 2018.
- NAS E. BOUTAMMINA, « Les Fondateurs de la Zoologie et de la Médecine vétérinaire », Edit. BoD, Paris [France], décembre 2018.

Nas E. Boutammina

Mots français d'origine numide et arabe

Introduction

L'emprunt de mots est un procédé permettant d'enrichir une langue. C'est un processus naturel qu'une langue utilise lors de son développement. Un mot emprunté a son utilité du moment que les locuteurs qui en usent le considèrent comme pratique, fonctionnel. Dès lors, il intègre la structure de la langue d'accueil se liant avec ses unités déjà existantes.

Au départ, l'emploi du mot emprunté ne fait qu'apparaître, puis il se répand jusqu'à devenir populaire. Le mot étranger peut se modifier de façon plus ou moins importante lors de sa codification. En s'assimilant dans le système linguistique emprunteur, il s'adapte au niveau grammatical et sémantique. Parfois, le mot emprunté est éloigné de son sens originel par la langue emprunteuse qui le spécialise ou le simplifie à l'un des constituants de sa dénotation.

La plupart des emprunts se justifient car ils remplissent un vide lexical. Ils établissent un lien entre les peuples et leurs langues.

La langue française a emprunté un nombre important de mots d'origine numide et arabe. Le rayonnement intellectuel et économique de la culture et la civilisation numide [Péninsule ibérique, Sicile, Numidie] et arabe [Bagdad] s'est manifesté par d'importants legs linguistiques diffusés essentiellement à travers le latin, l'espagnol et l'italien.

Ces mots légués désignent des réalités propres à la culture numide et arabe [mœurs et société : culinaire, vestimentaire, etc.], d'autres se rapportant à des référents techniques et scientifiques [Médecine, Agronomie, Chimie, Botanique, Pharmacologie, Astronomie, Mathématiques, Géographie, etc.], enfin au vocabulaire commercial et militaire.

I - Quelques notions de linguistique, de sémantique

A - *La langue française*

L'évolution d'une langue est soumise, d'une part, aux facteurs internes, c'est-à-dire des processus de changements spécifiquement linguistiques, dus aux transformations et à la réorganisation des systèmes ; d'autres part, à des facteurs externes, à savoir les mutations de la société, des techniques, etc., et également à des circonstances historiques.

Les évènements en rapport avec un fait historique ont une action linguistique nettement discernable sur le lexique. Les périodes de confusion politique et sociale accentuent l'évolution d'une langue, alors qu'un pouvoir solide et la centralisation tendent à la stabiliser. De plus, les modifications linguistiques sont très lentes, nettement plus que les transformations sociales.

1 - *Un peu d'histoire*

a - *Du latin au français*

L'histoire du français, langue romane, débute au latin « *vulgaire* » ou « *populaire* », appelée encore « *roman commun* ». Cette idiome est probablement celui usité dans la partie occidentale de l'Empire romain. Les invasions germaniques de ce qui est dénommée la *Gaule* provoquent, avec la division et l'affaiblissement du pouvoir politique, l'effondrement des études latines et fait péricliter le gallo-roman en une multitude de dialectes répartis principalement en deux groupes : le groupe d'*oïl* au Nord et le groupe d'*oc* au Sud.

b - L'ancien français

La période s'étendant du Xe au XIIIe siècle voit s'installer puis se défaire la féodalité. Celle-ci chrétienne, variée et solidement hiérarchisée, guerrière, agricole et foncièrement rurale, telle est la société féodale. L'unification linguistique de la France, tout au long de son histoire, est reliée à son unification politique et à sa centralisation. La cour du roi, établie à Paris, la capitale devient le centre intellectuel par ses écoles et à son Université.

La concentration de l'administration et de l'autorité judiciaire suit le même sens. En effet, à partir du XIIIe siècle, la justice royale s'impose face aux juridictions seigneuriales ou ecclésiastiques. Au XIIe siècle, la langue littéraires présente des différenciations provinciales : normandes, picardes ou champenoises. Au XIIIe siècle, les *scriptae* régionales s'atrophient de leurs traits dialectaux. A la fin du XIXe siècle, ce que l'on nomme le *francien* représente la scripta de l'Île-de-France. Dans le Sud de la France, c'est la même organisation linguistique ; le domaine d'oc demeurera scindé en divers parlers locaux. Ainsi, la période classique de l'ancien français se situe aux XIIe et XIIIe siècles.

Le lexique de l'ancien français concorde avec la société médiévale. Généralement concret et technique, il est orienté vers la fonctionnalité des réalités rurales ou guerrières. D'un fond primitif issu du roman commun et d'un superstrat germanique, ce lexique évolue considérablement par *dérivation*[1]. La dérivation régressive est une méthode très productive jusqu'au XVIIe siècle.

A partir du IXe siècle, apparaît le vocabulaire savant en latin. L'Eglise et le bras séculier mirent en place avec frénésie une

---

[1] *Dérivation*. Procédé qui consiste à former de nouveaux mots en modifiant le morphème par rapport à la base.

politique systématique d'acquisition d'ouvrages [2] de savants numides et perses qui seront traduits et copiés en version latine[3], puis grecque. De ces traductions un imposant vocabulaire touchant tous les domaines du Savoir [scientifique, technique, littéraire, théologique, etc.] fut emprunté, puis francisé selon les schémas phoniques et morphologiques de l'ancien français. Richesse et diversité morphologique, telles sont donc les caractéristiques du vocabulaire médiéval.

Bon nombre de mots d'origine numide et arabe apparaissent dont voici quelques exemples :

- *Hawer* [en numide : *faute, défaut*] donna en latin médiéval *avaria*. Sur ce mot a été construit en français : *avare, avarier, avarice*.
- *Bauraq* [en numide : *borax*] donna en latin médiéval *borax* [IXe siècle] qui s'intègre au français.
- *Qourtoum* [en numide : *carthame*] donna en latin médiévale *cartamo* [IXe siècle], en provençal *cartami* [1397].
- *Al-Jabr* [en arabe : *la réduction*] donna en latin médiéval *algebra* [XIIe siècle], puis en français *algèbre*.
- *Sifr* [en arabe : *zéro, vide*] donna en latin médiéval *zephirum*, puis *cifra* « *zéro* » [XIIe siècle] et en français *chiffre*.
- *Ashkalani* [en arabe : *échalote*] donna en latin médiéval *escalonia* [XIIe siècle], en ancien français *eschaloignes*.

---

[2] NAS E. BOUTAMMINA, « Les contes des mille et un mythes - Volume II », [Edit. Originale 1 vol. août 1999]. Edit. BoD, Paris [France], novembre 2011, 2e édition février 2017.

[3] NAS E. BOUTAMMINA, « Comprendre la Renaissance - Falsification et fabrication de l'Histoire de l'Occident », Edit. BoD, Paris [France], août 2013, 2e édition avril 2015.

Ainsi, l'ancien français a hérité du latin. Le fait est acquis au XIVe siècle. Le système prépositionnel de l'ancien français et l'article, œuvre romane, fixaient déjà une partie des fonctions dévolues en latin aux *désinences*[4].

c - Le moyen français : du XIVe au XVIe siècle

Au XIVe siècle, la langue française se transforme profondément. Conséquemment, l'historiographie linguistique et littéraire ne coïncident pas. Le système féodal décline au profit de la centralisation qui commence. L'usage du français se répand essentiellement dans les villes. Quant aux provinces et les campagnes, elles continueront jusqu'à la Révolution à parler les anciens dialectes relégués au rang de patois.

Aux cours des XIVe et XVe siècles des facteurs d'évolution liés aux évènements sociaux et culturels accentueront l'essor linguistique. La prose littéraire [romans, histoire, théâtre religieux ou profane] et les prémices d'un écrit judiciaire cohérent [rédaction des *Coutumes*] le français compromet la position dominante du latin. Cependant, cette faible liberté de manœuvre demeure toutefois sous la tutelle étroite du latin.

Au XVIe siècle, le pouvoir royal se consolide. François Ier [1494-1547] usant de l'ordonnance de Villers-Cotterêts [1539] entame une nouvelle politique linguistique en supprimant l'emploi du latin dans les tribunaux. Dès le XVe siècle, dans le Midi de la France, la scripta de l'administration royale avait déjà remplacé la scripta locale provençale. Des évènements en Europe

---

[4] *Désinence*. Élément variable à la finale d'un mot, qui, ajouté au radical [ou au thème de flexion], sert à marquer chacune des formes verbales [dont l'ensemble constitue la conjugaison] ou nominales [dont l'ensemble constitue la déclinaison ou la flexion].

[guerres d'Italie, conflits sociaux, etc.] des idées, des croyances et des convictions naissent. L'apparition de l'imprimerie va révolutionner la pensée et la langue. En 1470, le premier imprimeur s'était installé à Paris. Un commerce considérable va bouleverser les modalités de lecture, de composition littéraire et de standardisation de la langue.

L'*Humanisme*[5] de la Renaissance prône un retour aux sources gréco-latines provoquant ainsi une relatinisation de la langue écrite et ambitionne d'élever le « vulgaire » français au même niveau que le latin, et de cultiver l'idiome national[6]. De cet engouement pour les questions linguistiques naît la *philologie*, ainsi que les premiers *dictionnaires*[7]. Désormais, le français pénètre le champ de la médecine, des mathématiques, de la philosophie, etc. A la fin du XVIe siècle, sa victoire sera complète sur le latin.

B - *Création lexicale et sa fixation*

Afin de garantir de nouvelles fonctions de la langue écrite, le vocabulaire doit s'adapter. Le XIVe siècle est une période essentielle pour l'édification lexicale de la langue française représenté par le moyen français. Selon les analyses statistiques du linguiste P. Guiraud [1912-1983][8], s'appuyant sur 20 000 mots

---

[5] *Humanisme*. Mouvement intellectuel se développant en Europe à la Renaissance et qui, renouant avec la civilisation gréco-latine, manifeste un vif appétit critique de savoir, visant l'épanouissement de l'homme rendu ainsi plus humain par la culture.
[6] L'expression la plus brillante de ces préoccupations se trouve dans la *Défense et illustration de la langue française* de Joachim du Bellay.
[7] En 1606 parut sous le nom de Jean Nicot [1530-1600] un « *Trésor de la langue françoise tant ancienne que moderne* », qui eut une grande notoriété, mais qui n'est, en réalité, qu'une reproduction à peine démarquée du « *Dictionnaire français-latin* » de Robert Estienne [1503-1559], paru en 1538.
[8] P. GUIRAUD, « Le Moyen Français », Edit. « Que sais-je ? », PUF, Paris, 1972.

souches aujourd'hui vivants, 22% remontent à l'ancien français, 43% sont entrés dans l'usage du XIVe au XVIe siècle et 35% depuis. D'un point de vue phonétique et orthographique pratiquement toutes les évolutions majeures sont accomplies quand s'achève le XVIe siècle.

1 - La période classique

L'unité de cette époque concerne principalement la langue littéraire. Au milieu du XVIIe siècle, la séparation est prononcée entre la langue littéraire d'origine aristocratique et les autres parlers adoptés en France. Cela est due à l'atmosphère politique du temps imprégnée de centralisation autoritaire et de zèle monarchique.

Le XVIIIe siècle marque l'essor de la bourgeoisie et du scepticisme. La langue classique doit être fixée [Académie] et bâtie sur des règles issues des grands écrivains qui fréquentent les milieux littéraires des salons de la Cour, alors que la population grandissante s'informe dans les cafés et s'interroge sur des problèmes « *philosophiques* ». En conséquence, ce siècle voit la genèse de la presse et un développement sans pareil de l'édition : journaux, libelles, revues, nouvelles, encyclopédies et gagnant constamment de nouveaux lecteurs. L'usage du français poursuit son extension au détriment du latin et des dialectes. A partir du XVIIIe siècle, un enseignement en français[9] est dispensé dans le royaume[10]. Cependant, les progrès sont insuffisants dans les collèges et l'Université qui demeurent sous le giron du latin.

---

[9] La « Grammaire générale » dite de Port-Royal [1660] est un ouvrage de grammaire de la langue française d'Antoine Arnauld [1610-1694] et Claude Lancelot. [1615-1695] enseigné dans les écoles jansénistes.

[10] Le « Syllabaire françois » [1698] de J.-B. de La Salle [1651-1719] s'impose non sans mal dans les écoles élémentaires.

Vers la fin du XVIIIe siècle, on a considéré que l'évolution des langues procède d'une nécessité fidèle à leur organisation interne. Au XIXe siècle, la linguistique historique se met en place.

C - *La langue française et ses emprunts*

Les langues entrent en contact entre elles de manière naturelle, c'est un fait sociolinguistique indéniable. Le voisinage avec différents pays conduit incontestablement à la rencontre et aux échanges linguistiques.

Généralement, l'emprunt linguistique est lié à un rapport de force. En effet, les peuples qui dominent économiquement, militairement, culturellement transfèrent les mots de leur langue aux peuples qui leur sont soumis. Cependant, il arrive également qu'un parler conquérant finisse par s'éteindre au profit de la langue vaincue après lui avoir transmis un certain vocabulaire.

Les échanges qu'ont les pays entre eux sur le plan économique, politique et culturel entraînent aussi des échanges linguistiques que l'on nomme *emprunt*. Ce phénomène qui fait qu'une langue incorpore une unité linguistique, en particulier un mot, à partir d'une autre langue a existé depuis les époques les plus reculées. C'est un fait naturel qui fait parti des sociétés humaines depuis bien avant la Préhistoire.

Dès le début du XIe siècle, l'*ancien français* emprunte des mots au numide, à l'arabe, à l'allemand, à l'italien, etc. De même que le latin avait, lui aussi, fait des emprunts à d'autres langues, comme le grec mais également aux *langues italiques* [*ombrien, volsque, ligure*, etc.] ainsi qu'à celles des pays conquis [*numide, angle, scot*, etc.]. C'est le cas encore du gallo-roman qui a emprunté abondamment à la langue franque dénommée *germanique*. Au cours de son histoire, le français a emprunté des milliers de mots à diverses autres langues.

Les causes essentielles des emprunts linguistiques sont les conflits armés, le commerce et la colonisation. Dans ce dernier cas, certains mots indigènes s'intègrent dans la langue des colonisateurs. En effet, lorsque la France ou l'Angleterre a mis en place sa politique de colonisation, c'est un rapport belliqueux et non le voisinage géographique qui a prévalu. Que de mots empruntés désignent des réalités locales. De leur intégration et de leur assimilation par la langue d'arrivée, l'emprunt n'est percevable que par des spécialistes comme les philologues ou les linguistes.

L'histoire des emprunts est un reflet des relations multiples que véhiculent les récits des peuples et leurs relations passées ou présentes et qui est liée de ce fait à l'histoire de leur langue. Les emprunts qui font évoluer les conditions sociolinguistiques sont donc intimement liés aux circonstances sociologiques, historiques et surtout politiques et économiques.

Depuis le milieu du XXe siècle, la prépondérance de l'anglais suit la montée en puissance du pouvoir socio-économique des États-Unis. En effet, on observe toujours que la langue qui est nantie d'un statut socio-économique des plus faibles fait des emprunts les plus importants à la langue jouissant du plus grand prestige et de la plus grande force économique.

La manifestation de l'emprunt est plus fréquente dans des domaines où le vocabulaire évolue rapidement, particulièrement dans les nouvelles technologies grâce aux moyens de communication et à Internet.

Généralement, quand deux cultures entrent en contact, des éléments de vocabulaire apparaissent dus à des échanges d'idées, d'informations, de produits.

Il est indéniable que le rôle de l'emprunt reste une méthode efficace de développement des langues. Concrètement, l'emprunt vient souvent remplir un vide linguistique concernant de nouvelles réalités. Par conséquent, l'emprunt est une nécessité.

Au départ, l'emprunt est d'abord pragmatique : il est plus commode d'adopter un mot étranger que d'en créer un nouveau. Par exemple, c'est le cas pour certains emprunts à partir de la langue numide : *étable* « *esthabel* », *gabelle* « *qabala* », *girafe* « *zrafa* », *guitare* « *qitara/guitara* » ; ou arabe : *henné* « *hanna* », *jasmin* « *yasmin* », *momie* « *mumia* », *mousseline* « *mewsili* ».

L'emprunt reste une manière d'enrichir une langue, mais il est sous la contrainte de la société d'accueil. En effet, différents facteurs régissent son intégration tels que les échanges socio-économiques, l'influence des médias, la politique d'intervention des pouvoirs publics, les ressources pour l'apprentissage et la formation, les comportements des locuteurs à l'égard des langues, etc. Par conséquent, les résultats des emprunts se manifestent différemment ; soit ils sont accueillis naturellement, soit alors difficilement. Ils s'assimileront vite ou timidement, ou encore resteront intacts dans la langue d'accueil.

L'utilisation du vocabulaire d'une autre langue à la place de celui de sa propre langue conduit à long terme à une assimilation culturelle.

D'une manière naturelle, le rapport qu'ont les locuteurs d'une langue avec un emprunt est celui de la spontanéité et du mimétisme. Il est plus aisé d'utiliser des mots qu'on emploi autour de soi que de prospecter pour trouver des équivalents en usant de diverses sources [organisme officiel, pouvoirs publics, livres, etc.]. Parfois, il arrive que des emprunts étrangers servent uniquement de doublets. Ce sont, par exemple, des mots anglais qui sont largement usités à tel point que leur fréquence d'emploi est si important qu'ils passent dans la norme. Ainsi, un mot anglais, même si sa fonction a un double emploi en même temps qu'un équivalent français, il répond à un mimétisme à caractère beaucoup plus social que linguistique ; le locuteur est « *à la mode* », « *être in* » dirons-nous maintenant. Dans ce sens, les emprunts deviennent donc un facteur d'assimilation culturelle et linguistique.

1 - Les types d'emprunts

L'emprunt lexical c'est le recours aux mots étrangers pour les intégrer dans sa propre langue. Généralement, il existe différents types d'emprunts :

- *L'emprunt direct.* Un mot ou un groupe de mots est repris sans modification ou avec adaptation phonétique ou orthographique.
- *Le calque.* Un mot ou un groupe de mots est traduit, plus ou moins fidèlement, dans la langue d'arrivée.
- *L'emprunt sémantique.* Lorsqu'un sens d'origine étrangère est adjoint à un mot de la langue d'arrivée.

2 - Mots empruntés au numide et à l'arabe

Le dictionnaire, par exemple, *Le Petit Robert*[11] compte environ 20% d'emprunts pour approximativement 90 langues, témoignages des rapports entretenus par les locuteurs du français au cours de leur histoire avec les diverses nations, que ce soit au

---

[11] COLLECTIF, « Le Petit Robert de la langue française et sa version numérique », Collection Dictionnaire Le Roberts, Edit. Editis [Vivendi], , 2021, Paris.

niveau des belligérances, de la colonisation et du commerce. En ce qui concerne les emprunts numides et arabes, ils sont dus au rayonnement intellectuel et économique de la culture et la civilisation perso-numide arabophonisée. Le résultat s'est traduit par des apports linguistiques abondants, véhiculés notamment par le biais du latin, de l'espagnol et de l'italien. Ces mots font partie, par exemple, du vocabulaire scientifique [*élixir, sinus, alchimie, algèbre, carat, botanique, mélancolie, algorithme, chiffre, musc, alcool, alkali*, etc.], du vocabulaire commercial [*chèque, kilo, douane, tarif, arsenal, guitare, coton, sucre, café*, etc.].

C'est seulement après l'avènement du Message religieux par le biais du Coran, au début du VIIe siècle, que la langue arabe se manifeste au monde et qu'elle soit normalisée sous sa forme écrite telle qu'elle est connue actuellement. Les populations arabes préislamiques qui ont toujours vécu de manière endémique dans la péninsule arabique, l'utilisaient localement et exclusivement sous sa forme orale et de manière pragmatique, c'est à dire exclusivement, pratique, utilitaire. Ce sont des populations non-arabes qui ont donné à l'arabe ses lettres de noblesse, essentiellement les Perses et les Numides [et à une moindre mesure les *Machrékins* : Iraq, Egypte, Syrie actuels]. Ces derniers ont créé, développé et véhiculé un riche patrimoine culturel fondement des sociétés contemporaines.

La relation étroite entre le Coran et l'arabe a contribué à procurer à cette langue son statut particulier et qui a encouragé à l'*arabophonisation* de nombreuses populations.

Lorsque le Message religieux par le biais du Coran fut délivré à Mohammed, parmi les auditeurs qui l'entouraient se trouvaient des Perses, des Egyptiens, des Syriens, des Numides, des Abyssins, etc. Ces derniers étaient des négociants, ces voyageurs [arabophones] qui se sont imprégnés du texte coranique et qui l'ont par la suite diffusé hors de la péninsule arabique dans leur pays respectif. En effet, cette diffusion est une explication conforme à la raison, à la logique, au bon sens, indépendamment des *mythes fondateurs « de la propagation de l'Islam dans le monde par les Arabes »*. Quoi qu'il en soit, si des études, des recherches devront être entreprises, elles étayeront assurément ces faits !

L'*arabophonisation* se définit comme le processus qui permet de promouvoir la langue arabe et de l'appliquer à travers et pour des besoins liturgiques, la religion de l'Islam véhiculée par l'entremise du Coran.

Par la suite, ce sont, comme nous l'avons déjà dit, les populations non-arabes [perses, numides] *arabophonisées* qui se sont données pour mission de développer et d'enrichir au plus haut degré l'idiome arabe dans tous les domaines de l'activité intellectuelle : scientifique, technique, littéraire, spirituelle, etc.

Le milieu du VIIIe siècle fut l'avènement de la *Civilisation de l'Islam Classique* [*CIC*] essentiellement fondée par les peuples perse [*Califat perse* des dynasties Abbassides- à Bagdad] et numide[12] [*Califat numide* dans la Péninsule ibérique et sa sphère d'influence, la Numidie et la Sicile] était la référence civilisationnel dans le monde ; elle était incontestablement plus en avance que les sociétés féodales occidentales. L'arabe étant la langue cultuelle, aussi ces savants et érudits en ont fait une langue véhiculaire savante et codifiée[13].

---

[12] NAS E. BOUTAMMINA, « Les contes des mille et un mythes - Volume II », [Edit. Originale 1 vol. août 1999]. Edit. BoD, Paris [France], novembre 2011, 2ᵉ édition février 2017.
NAS E. BOUTAMMINA, « Sur la piste des Berbères », Edit. BoD, Paris [France], novembre 2020.
[13] NAS E. BOUTAMMINA, « Le numide langue populaire de la Berbérie », Edit. BoD, Paris [France], septembre 2021.

A partir du IXe siècle, un programme phénoménal d'acquisition, de traduction et de copie fut ordonné par les plus hauts dignitaires de l'Eglise et les monarques chrétiens[14]. Des armés de traducteurs et de moines-copistes se sont mis à l'ouvrages dans tous les *scriptoriums*[15] des édifices religieux de toute la Chrétienté : monastères, abbayes, couvents, prieurés, églises, etc. La plupart des mots numides et arabes se sont introduits dans les langues romanes, principalement par l'intermédiaire du latin médiéval, de l'espagnol, du portugais, de l'italien, du sicilien et du provençal. Les emprunts à la langue numide et arabe désignent des réalités des sciences [Médecine, Chimie, Botanique, Pharmacologie, Botanique, Géographie, Astronomie, Mathématiques, etc.], du négoce [*chèque, douane*, etc.], des mœurs [*jupe, blouse, paletot, divan*, etc.], etc.

Les langues font des emprunts lorsque certaines d'entre elles bénéficient d'une grande renommée et dont la culture est prestigieuse ou l'économie puissante. Au Moyen-Âge ce fut le numide et l'arabe, au XVII siècle l'italien ; au XVIIIe siècle le français et depuis le XIXe siècle l'anglais. L'histoire de la linguistique démontre simplement que les emprunts sont un phénomène naturel et universel. Ces derniers permettent à leur vocabulaire de s'enrichir et de se dynamiser. Quoi qu'il en soit, dans l'histoire des langues, les emprunts sont assurément un témoignage révélateur de l'échange international.

---

[14] NAS E. BOUTAMMINA, « Comprendre la Renaissance - Falsification et fabrication de l'Histoire de l'Occident », Edit. BoD, Paris [France], août 2013, 2ᵉ édition avril 2015.
[15] *Scriptorium*. Atelier dans lequel les moines copistes réalisaient des livres copiés manuellement, avant l'introduction de l'imprimerie en Occident.

II - Quelques emprunts lexicaux numides et arabes

En linguistique, l'emprunt lexical consiste, pour une langue, à annexer dans son lexique un terme d'une autre langue. L'emprunt fait partie des procédés par lesquels les locuteurs accroissent leur lexique, au même titre que le *néologisme* [16], la *catachrèse* [17] ou la *dérivation* [18]. Par *métonymie*[19], on parle aussi d'emprunt pour indiquer les mots empruntés eux-mêmes, dans la langue d'arrivée.

Le numide et l'arabe ont laissé beaucoup de mots importants et ont enrichi la langue française. Tout un lexique fût établi au cours du Moyen-Âge et au cours de l'époque moderne et contemporaine.

L'ajout d'*affixes*[20] à la racine permet de créer un éventail de termes dont la signification est précise. En effet, plusieurs procédés sont utilisés pour créer des mots en français. L'emploi de *préfixes* et de *suffixes* permet de confectionner des noms, des verbes, des adverbes, etc. On

---

[16] *Néologisme*. Mot, tour nouveau que l'on introduit dans une langue donnée. Expression ou mot nouveau, soit créé de toutes pièces, soit, plus couramment, formé par un procédé morphologique [dérivation, composition, analogie].

[17] *Catachrèse*. Procédé de style qui étend l'emploi d'un terme au-delà de ce que permet son sens strict.

[18] *Dérivation* ou *dérivation lexicale*. Procédé qui consiste à former de nouveaux mots en modifiant le morphème par rapport à la base.

[19] *Métonymie*. Figure d'expression par laquelle on désigne une entité conceptuelle au moyen d'un terme qui, en langue, en signifie une autre, celle-ci étant, au départ, associée à la première par un rapport de contiguïté.

[20] *Affixe*. Elément lexical qui s'ajoute à un mot ou à un radical pour en modifier le sens ou la fonction, appelé préfixe, infixe ou suffixe selon qu'il est placé au début, à l'intérieur ou à la fin du mot

peut aussi réaliser des mots nouveaux par le procédé de *composition*[21]. On obtient des mots composés par la combinaison de mots numides ou arabes déjà existants.

A - *Phonologie*

La phonologie est la science qui étudie les sons du langage du point de vue de leur fonction dans le système de communication linguistique.

A l'avènement du Colonialisme français, les promoteurs de cette doctrine politique chargèrent des linguistes d'inventer et de diffuser un prototype de dictionnaire *phonétique*[22] non exhaustif afin de pouvoir écrire l'arabe et le numide ou « *langue vulgaire* » avec des lettres latines. Ce recueil de mots a depuis été modélisé afin de permettre à l'Administration coloniale de communiquer avec les indigènes de Numidie.

Voici deux exemples phonétiques :

- *Kh* = « *r* » comme *nekhla* qui, pour un francophone, se lit : *nekla*
- *Gh* = « *r* » comme *ghazelle* qui, pour un francophone, se lit : *gazelle*. Dans cette étude, nous avons opté pour les lettres « *rh* » qui remplacent sans distinction « *kh* » et « *gh* » afin de nommer différents termes comme *baghal* [*mulet - bagage*] ou *gharroub* [*caroubier*].

---

[21] *Composition*. Formation d'un mot par combinaison de deux mots simples reliés par un trait d'union [ou une conjonction de coordination] ou par adjonction d'un préfixe ; la manière dont ce mot est composé.
[22] B. BEN SEDIRA, « Dictionnaire français-arabe de la langue parlée en Algérie », 5° édition, Nouvelle Bibliothèque Algérienne, Edit. A. Jourdan, Alger, 1886-1910. Livre dédicacé à L. Tirman, gouverneur général de l'Algérie.

Tableau non exhaustif de mots numides et arabes usités en français

Mot	Emprunt	Signification	Origine
A			
Abbé	*Abba*	Père. Supérieur d'un monastère.	Numide
Abdomen	*Batn*	Ventre. Sur ce mot est crée le terme *abdominal*. Région du corps humain située sous le diaphragme. Tronc. Corps.	Arabe
Abricot	*Barquq*	Abricot. Fruit de l'abricotier, à chair jaune et à noyau lisse.	Numide
Acte	*Akd*	Recueil de procès-verbaux, de communications officielle : *acte de naissance, acte de décès, acte de mariage*, etc. Décision, document juridique.	Numide
Affaire	*Afara*	Celui qui exécute avec succès son entreprise. De *Ifrit* : nom de Jinn redoutable. Très actif. Puissant. Sur cette base ont été crée les mots *affairiste*, s'*affairer*. Occupation, ce que l'on fait. Entreprise.	Arabe
Agrostemme	*Alqutrub*	Plante agrostemme. Plante dicotylédone de la famille des caryophyllacées, telle la nielle des blés.	Numide
Aïd	*Aïd*	Réjouissance. Fête.	Arabe
Aider Aide	*Ada de Yadun*	Main d'où donner un coup de main. Porter aide, assistance. Assistance, soutien.	Arabe
Alambic	*Al-Anbiq*	Alambic. Appareil de distillation.	Arabe
Albinos	*Alben*	Petit-lait. Qui a sa couleur	

		blanchâtre. Personne atteinte d'albinisme, anomalie congénitale due à un défaut de pigmentation de la peau et des poils donnant une couleur blanchâtre.	Numide
Alcade	*Al-Qadi* *Al-Cadi*	Le juge. Autrefois juge. Magistrat en Amérique du sud ou maire en Espagne.	Arabe
Alcali Alcalin	*Al-Qal*	Soude [plante]. Carbonate de sodium [soude]. Nom générique des bases produites sur les métaux alcalins par l'oxygène. Relatif aux alcalis.	Numide
Alcarazas	*Al-Kuraz*	Gargoulette ou Gargouillette. Vase en terre conservant l'eau fraîche par évaporation lente.	Numide
Alcazar	*Al-Qashr*	Le château. Palais numide.	Numide
Alcène	*Al-Qal*	Produit de combustion du bois. Nom générique des hydrocarbures acycliques à double liaison.	Numide
Alchimie	*Al-Kimiya*	La Chimie. La « *subtilité* » [au sens des secrets de la nature]. En Occident, science occulte censée assurer la transmutation des métaux.	Arabe
Alcool	*Al-Kohol*	Antimoine pulvérisé. Éthanol, produit obtenu par distillation du vin ou de produits fermentés.	Arabe
Alcôve	*Al-Qubba* *Qubatun*	Dôme. Coupole. Partie concave d'un dôme. *Al-Qubba* donna en espagnol *alcoba* [1202].	Numide
Alerce	*Al-Arz*	Le cèdre. Conifère de grande taille. Grand arbre [*Cupressacée*]	Numide

		au bois utilisé notamment en lutherie.	
Alépine	*Halbiy*	Tissu originaire d'Alep. Étoffe à chaîne de soie et trame de laine.	Arabe
Alezan	*Azahar*	Brun rougeâtre. Couleur fauve. Qualifie un cheval à la robe jaune rougeâtre. *Azahar* donna en espagnol *alazan* [1280].	Numide
Alfa	*Halfa*	Alfa. Herbe de Numidie de la famille des graminées.	Numide
Alfange	*Al-Hadjar*	Épée. Sabre mauresque.	Numide
Algarade	*Al-Rhra*	Cri. *Al-Rhara* donna en espagnol *algara* « *tumulte, cris* » [1270], *algarada* « *incursion brusque en territoire ennemi* » [1300]. Attaque militaire brusque destinée à semer l'effroi.	Numide
Algèbre	*Al-Jabr*	La réduction. *Al-Jabr* donna en latin médiéval *algebra* [XIIe siècle]. Le mot « *Algèbre* » est dérivé du titre d'un ouvrage rédigé vers 825, « *Kitab al-mukhtaṣar fi hissab al-jabr wa al-muqabala* [« *Abrégé du calcul par la restauration et la comparaison* »] », par le fondateur des Mathématiques, le Persan M. Al-Khwarizmi [800-847]. Branche des mathématiques ayant pour objet de simplifier et de résoudre au moyen de formules des problèmes où les grandeurs sont représentées par des symboles, et d'en généraliser les résultats.	Arabe

Algorithme	Al-Khwarizmi	Branche des mathématiques traitant des opérations et des équations. L'Algèbre [23] est inventée par le Persan M. Al-Khwarizmi. Processus logique permettant la résolution d'un problème en programmation informatique.	Arabe
Algue	Alika	Qui est fixé. Qui est accroché. Végétal, habituellement aquatique, de l'embranchement des thallophytes.	Numide
Alidade	Al-Idada	La règle pour le traçage de lignes. Al-Idada donna en latin médiéval alidada, alhidada [XVe siècle], en espagnol alidada. Règle orientable munie à ses extrémités de deux repères, ou pinnules, par lesquels on dirige la visuelle à deux points du terrain, une échelle indiquant ensuite l'angle qu'ils forment avec le point d'où l'observation est faite.	Arabe
Alizari	Al-Hassar Al-Hassir	Pression [d'un fruit pour en extraire son jus]. Al-Hassar donna en espagnol alisari, en italien alizani. Liquide extrait de certains fruits ou légumes. Racine de la garance.	Numide
Alkekenge	Al-Kakendj	Alkekenge. Al-Kakendj donna en	

---

[23] M. AL-KHWARIZMI, [800-847], « Kitab al-Jabr wa al-Muqabala [« Sciences des restitutions et des comparaisons »] ». L'œuvre traite des opérations et des équations. Cela en raison de la réunion des termes connus et des termes inconnus dans une équation, c'est à dire un ensemble de deux groupes de termes équivalents.

	Al-Kalanj	latin médiéval *alkacange* [XIVe siècle], en espagnol *alkakengi* [1555]. Plante d'ornement, de la famille des solanées, aux fruits diurétiques et fébrifuges. La plante est surtout connue pour son faux-fruit, une baie comestible de couleur orange enfermée dans un calice rouge orangé accrescent semblable à une lanterne.	Numide
Aludel	Al-Uthal	Aludel. *Al-Uthal* donna en latin médiéval *aludel* [IXe siècle], en espagnol *aludel*. Appareil inventé par le fondateur de la Chimie, le persan Jabir Ibn-Hayyan [*Geber* - 721-813][24] et utilisé dans les expériences de sublimation. Il se compose de vases de terre vernissée, emboîtés les uns dans les autres et surmontés d'un chapiteau destiné à recevoir le produit de l'opération.	Arabe
Almanach	Al-Manak Al-Manarh	Calendrier pourvu d'observations complémentaires et de conseils pratiques. *Al-Manak* donna en latin médiéval *almanach* [XIIe siècle].	Numide
Almicantarat	Al-Mouqantara	« *Cercles de la sphère, parallèles à l'horizon* ». Cambrer. Arquer. De *qantara* « *pont, arche* ». *Al-*	Numide

---

[24] M. AL-KHWARIZMI, « Mafatih al-Ulum [« Les clés de la Science »]. Manuscrit conservé au British Museum.

M. BERTHELOT, « Histoire des sciences : La chimie au moyen âge, Volume 1 », Edit. Imprimerie nationale, Exposition internationale de Chicago, 1892.

		Mouqantara donna en espagnol *almicantarat* [XIIIe siècle]. En forme de pont. Parallèle de hauteur en astronomie.	
Amalgame	*Amaljame* *Al-Modjamha* *Amal al-djamha*	Littéralement : « *consommation du mariage* » [25]. Unir. Mettre ensemble. Mélanger. Alliage de mercure et d'un métal, ou d'argent et d'étain.	Arabe
Aman	*Aman*	Grâce. En toute sécurité. Fait de laisser la vie sauve au vaincu chez les musulmans.	Arabe
Amarrer Amarre	*Amar* *Amara* *Amar*	Ordre. Ordonner. Disposer dans un certain ordre. Établir fortement Fixer un navire avec des amarres. Câble utilisé pour amarrer, tenir en place, un navire.	Numide
Ambre	*Anbar*	Ambre. *Anbar* donna en latin médiéval *ambar*, *ambra* [XIIe siècle], en italien *ambra*. Les égyptiens s'en servaient déjà dans leurs encens et autres huiles parfumées. Substance organique molle, de couleur généralement cendrée, au parfum musqué, provenant des excrétions du cachalot et que l'on rencontre flottant sur les mers ou rejetée sur les côtes de certaines régions tropicales.	Arabe
Amiral	*Amir* [*al-*]	Commandement. *Amir* donna en ancien français *amiral* « *émir*	

---

[25] P. LORY, « Dix traités d'alchimie de Jâbir ibn Hayyân - Les dix premiers Traités du « Livre des Soixante-dix », Textes traduits et présentés, Edit. Sindbad, Paris, 1983. Réédité avec une mise à jour en 1996 par les Editions Actes-Sud.

	Emir	*chez les Sarrazins* » [1090]. Fonction, dignité d'un amiral, chef des forces navales, d'une armée, d'une flotte ou d'une escadre.	Arabe
Antimoine	*Itmid* *Utmud*	Antimoine. *Itmid* a subi de nombreuses altérations, *althimoud*, *alcimod*, *antimonium*. C'est le traducteur copiste latin Constantin l'Africain [1020-1087] qui l'introduit en Europe [1050-1100]. Corps simple, solide [symbole Sb] d'un blanc argenté et bleuâtre, cristallin, très fragile, ni malléable, ni ductile, présentant à la fois des propriétés de métal et de métalloïde. Il entre dans la composition de nombreux alliages et de diverses préparations pharmaceutiques.	Arabe
Arack ou Arac	*Arak* *Arek*	Littéralement « *sueur, transpiration* ». Eau-de-vie de céréales fermentées. *Arak* donna en portugais *arragua* [XVe siècle]. Liqueur spiritueuse obtenue par la distillation de diverses substances fermentées.	Arabe
Arc	*Aqwas* *pl. Aqwasoun* *Wirkoun*	Ancienne arme de jet constituée d'un arc monté sur un fût. Voûte. En forme d'arc. Partie d'une courbe. En architecture, courbe d'une voûte.	Numide
Arcade	*Riwakoun*	Arcade. *Riwakoun* latinisé en *arquatum*. Ouverture créée par un arc et ses deux piliers.	Numide

Arche	*Arsh*	Arc, voûte. *Arasha* : mettre au point une construction. Partie d'un pont sous la voûte entre deux piles. Voûte en forme d'arc. Bateau construit en bois.	Numide
	Arasha		
Arche			
Argan	*Arqan*	Espèce de sidéroxyle, de la famille des Sapotacées qui fournit un bois très dur.	Numide
Arquebuse[26]	*Al-Qabouss*	Le feu, la flamme d'où par extension l'arme à feu. Ancienne arme à feu semblable à un fusil.	Numide
Arobe	*Arhoub*	Le quart. Mesure. Mesure de capacité des pays ibériques.	Numide
Arroche	*Arrich*	Feuille de plante. Feuillage. Le mot passe en ancien français *ar*[*r*]*ace*, puis *arroce* et *arroche*. Genre de plantes dicotylédones apétales [famille des *chénopodiacées*] caractérisées par une tige herbacée, parfois ligneuse, des feuilles alternes ou opposées, des fleurs polygames, régulières, des fruits ovoïdes.	Numide
Arsenic	*Azernirh*	Corps simple solide, de symbole As, d'aspect métallique, de couleur gris acier possédant à la fois des propriétés de métal et de métalloïde. *Azernirh* donne en latin médiéval *arrhenicum*, puis *arsenicum*.	Arabe

---

[26] Les musulmans inventent l'arme à feu (fusil, canon) et développe la poudre. L'arquebuse fut introduite en Espagne au Moyen-Âge. Les Espagnols sont les premiers européens à la connaître et à l'utiliser. Notamment, quelques temps plus tard en Amérique où ils ont exterminé les Amérindiens !

Arsenal	*Dar Sinah* *Dar Sinaha*	Chantier de construction navale. Lieu de construction et de réparation des navires. Ancien atelier de fabrication d'armes et de matériel militaire. *Dar Sinah* donne en vénitien *Arsanal Arzana* [1104], puis en vénitien savant *Arsenal*. Maison du travail.	Numide
Artichaut	*Kharshaf* *Rharshaf*	Artichaut. Plante potagère de la famille des composées. *Kharshaf* passe en espagnol en *carchiofa*, puis *alcachofa* [1423].	Numide
Assassin	*Hashashin*	De haschisch. Individu qui consomme du haschisch [chanvre indien] dont la feuille broyée fournit le haschisch. Au Moyen-Âge, une secte ismaélienne redoutable fomentait des meurtres politiques sous l'effet de cette drogue. Personne qui commet un meurtre prémédité.	Numide
Assiette	*Açahène* *Çahène*	Pièce de vaisselle creuse servant à placer les aliments pour une personne, son contenu. Expression latinisée en *cyatus*, *ciatus* : coupe munie d'une anse qui servait à puiser et à remplir les vases à boire.	Numide
Asseoir Assis	*Masjid*	*Masjid* dérive de *Sajada* « être à terre, se prosterner ». Sajada latinisé en *sedeo* « être assis ». Établi. Installer sur un siège, fournir une base. *Sajada* donne en latin *adsidere* au sens de « être assis auprès de ».	Arabe

Assise [Fondation]	*Sas* *Sissun*	Fondement. Base. Rangée de pierres de taille posées horizontalement. *Sassa* « gouverner ». Installée sur un siège, établie. Base stable. *Sas/Sassa* donne en latin médiéval *assisa* ou *assisia*.	Numide
Astre	*Astr*	Corps céleste. Terme astronomique. Latinisé en *astrum*, *aster*. Corps céleste visible.	Numide
Astrolabe	*Astirlab*	Astrolabe. De *Astûr*. Instrument de navigation d'origine arabe, instrument servant à déterminer les heures par la position des astres.	Arabe
Athanor	*Al-Tannur*	Fourneau. Grand alambic utilisé pour les décoctions ; fourneau à combustion lente.	Arabe
Aubère	*Abir* *Hubara*	Désigne une robe de cheval mélangeant l'alezan et des poils blancs. *Abir* donna en espagnol *hobero* puis *overo*.	Numide
Aubergine	*Bedenjal*	Aubergine. Plante potagère, couleur violette de cette plante. *Bedenjal* donna en catalan *alberginía*. Mot emprunté au persan *batinjan*.	Numide
Audience Auditoire	*Ouden* Pl. *Oudnen*	« Oreille ». *Adanun* latinisé en *auditionem* dérivé de *audire* « entendre, écouter ». Entretien avec un supérieur. ISéance d'interrogatoire durant les procès. Ensemble des auditeurs, des personnes qui écoutent.	Numide

Aval	*Hawala*	Mandat. Change. Procuration. Engagement d'une personne à payer un effet commercial, caution. *Hawala* donna en italien *avallo*.	Arabe
Avanie	*Awan* *Ihana*	Traître. Fait qui humilie, qui cause de la honte. Humiliation. *Awan* donna en ancien français *venie*, *veine*.	Arabe
Avarie	*Hawer* *Hawwar*	Faute. Manque. Endommager. Avarier. Défaut. *Hawer* donna latin médiéval *avaria*. Sur ce mot a été construit : *avarier*, *avarice*. Dommage sur un véhicule ou sa cargaison. Endommager un véhicule ou sa cargaison.	Numide
Azédarac [Azedarach]	*Azadrakht* *Azedaraeth*	Arbre azédarac. *Azadrakht* emprunté au persan *Azadrakht* mot provenant du livre « *Canon de la Médecine* » du Persan A.H. Ibn-Sina [*Avicenne* - 980-1037] et traduit en latin en 1490. Arbre des pays chauds aux fleurs en bouquet et aux fruits vénéneux. Ces derniers servaient à faire des chapelets.	Arabe
Azerole	*Zarour*	Azerole. Fruit de l'azerolier. *Zarour* donna en espagnol *acerola*.	Numide
Azimut	*Samata* *Samt*	Chemin. Poursuivre le chemin pris. Terme technique astronomique. Angle entre le plan vertical d'un astre et le plan méridien du lieu d'observation, ou entre le plan méridien géographique et le nord	Numide

		magnétique. *Samata* donna en espagnol *acimut* [fin XIIIe s.].	
Azoth	*Zahuq* *Zauq*	Mercure ou combinaison de mercure. Premier principe des métaux. Autrefois, il était censé exister dans tous les métaux, et d'être extraite d'eux. *Zahuq* donna en espagnol *azogue* [mercure], en catalan *Açoque* et en portugais *Azougue* [1295].	Numide
Azur	*Lazaward*	Lapis-lazuli. Lazurite. Bleu comme le ciel. *Lazaward* donna en latin médiéval *azurium*. Mot emprunté au persan *lazaward*.	Arabe

B

Bâbord	*Babord*	Bateau. Partie gauche d'un bateau.	Numide
Babouche	*Babouch*	Babouche. Pantoufle de cuir, sans talon.	Numide
Baccalauréat	*Bi al-Qaraiya*[27]	Littéralement : « *Etude avec assiduité* ». Examen sanctionnant la fin des études secondaires et permettant l'accès à l'enseignement supérieur.	Arabe
Baccara	*Bakra*	Poulie. Roue. Jeu de cartes de casino.	Arabe

---

[27] Au IXe siècle, à Bagdad, en Syrie, en Egypte, en Numidie et en Andalousie, l'étude des textes coraniques est une logique de certains types de raisonnement déductif [syllogistique]. C'est pourquoi, le cursus universitaire [théologie, linguistique, logique, etc.] se voit d'être officialisé [c'est une innovation] par un titre *Bi al-Qaraiya* [« *étude avec assiduité* »], titre transformé en *Baccalauréat* au Moyen-Âge par les Judéo-chrétiens et qui est toujours en usage. Actuellement, il s'agit d'un diplôme de fin d'étude de l'actuel secondaire pour entamer des études universitaires.

Bagage	*Baghal* *Barhal*	Mulet. *Barhal* donna en espagnol *bagaje* « *bête de somme* » Valise paquet emporté avec soi en voyage.	Numide
Bagatelle	*Batel*	Chose de peu de valeur. *Batil* donna en italien *bagatella*.	Numide
Baiser	*Bassa*	Embrasser. Fait de donner un baiser.	Numide
Bakchich	*Baqchich*	Gratification. Pourboire, pot-de-vin.	Numide
Baladin Balader	*Balad*	Pays. Saltimbanque. Par extension, comédien itinérant qui se représente de ville en ville. Familièrement, promener.	Arabe
Ballota	*Belloute*	Plantes vivaces, velues, rameuses, très feuillées, elles ont des feuilles pétiolées au limbe crénelé. Genre végétal comprenant environ 35 espèces de plantes à fleurs de la famille des *Lamiaceae*, natif des régions tempérées.	Numide
Balourd	*Bahloul*	Stupide. Crétin. Dépourvu de tact et de finesse. Homme maladroit.	Numide
Baobab	*Bu Hibab*[28]	Littéralement : « *Fruit d'Afrique aux nombreuses graines* ». Arbre africain au tronc de fort diamètre, de la famille des bombacacées. Mot issu de l'égyptien « *Bu Hibab* ».	Arabe
Baraka	*Baraka*	Fortune, sort favorable. Chance. Faveur du ciel.	Numide

---

[28] PROSPER ALPINI [1553-1617]. « De plantis Aegypti liber », Venise, ch. 27, 1592. Botaniste, il cite le *bahobab* « fruit d'Afrique ». F.-J. NICOLAS, « Recherches sur la valeur sémantique du mot Baobab », in *Notes Africaines,* n° 67, 1955.

Barbacane	*Berra* *Berrani* *Berrana*	Extérieur. Orifice pour l'écoulement de l'eau. Petite ouverture pour l'éclairage d'une pièce ou l'évacuation des eaux usées.	Numide
Barbot Barboter	*Barbat*	Fait de barboter, de jouer, de s'agiter dans l'eau. Patauger dans une petite quantité d'eau. Jouer du barbot[29].	Numide
Bardot Bardeau	*Bardaha*	Couverture de selle. *Bardaha* donna en espagnol *albarda* « *bât* ». Animal hybride produit par l'accouplement du cheval et de l'ânesse.	Numide
Baroud	*Baroud*	Détonation. Relatif à l'explosion. Combat.	Numide
Basilic	*Habaga* *Habaka*	Basilic. Plante à feuilles aromatiques, de la famille des labiées, cultivée pour l'ornementation et pour servir de condiment. *Habaga* donna en espagnol *Ibahaca*.	Numide
Bâton	*Tabtab*	Cogner, frapper. Long morceau de bois long et rond qui sert à taper.	Numide
Bazar	*Bazar*	Marché public. Mot emprunté au persan *bazar* « *marché public* ». Lieu où l'on vend toutes sortes de marchandises généralement à bon marché.	Arabe
Bedaine	*Batan*	Abdomen. Familièrement, ventre saillant.	Arabe
Bédouin	*Badawi*	Homme ou femme arabe vivant	Arabe

---

[29] FARMER, « Historical facts for the Arabian Musical influence », Londres, 1930. *Barbot*. Instrument de musique analogue au luth.

		dans le désert, en nomade.	
Bétail	*Baqaratun*	Bovin. *Baqara* latinisé en *pecora*, puis en *pecuare*. Ensemble d'animaux d'élevage de ferme.	Arabe
Bézef	*Bézef*	Beaucoup. Pêle-mêle.	Numide
Blaser	*Balsun*	Espèce de dattes sèche, d'où dessèchement et perte de qualités. Rendre sans intérêt et enlever toute passion.	Arabe
Bled	*Bled*	Pays, région. Campagne en Numidie. Localité isolée. Mot proche de l'arabe *Balad* « pays ».	Numide
Bonduc	*Bendiqa*	Noisette, aveline. Arbrisseau épineux dont les graines ont des propriétés toniques et fébrifuges.	Numide
Borax	*Bauraq*	Borax. Borate : sel de l'acide borique. Borate hydraté de sodium. *Bauraq* donna en latin médiéval *borax* [IXe siècle].	Numide
Bordj	*Bordj*	Forteresse numide. Enceinte fortifiée.	Numide
Botanique	*Bustaniya*	Jardin. Étude des végétaux, des plantes. Relatif aux plantes, aux végétaux. Le fondateur de la Botanique, Numide A.H. Al-Dinawari [815-895] créa cette discipline *Bustaniya* [30].	Numide
Bocal	*Buqalun* *Bawakilun*	Vase à boire. Récipient rond à large ouverture, généralement en verre.	Arabe
Bougie	*Bejaïa*	Du nom de la ville en Algérie productrice de bougie. Petit	

---

[30] NAS E. BOUTAMMINA, « Les Fondateurs de la Botanique », Edit. BoD, Paris [France], mai 2017.

		cylindre de cire, entourant et alimentant une mèche, dont la flamme fournit un moyen d'éclairage habituel ou d'appoint.	Numide
Bourg Bourgeois	*Bojhar*	Fort. Citadelle. Village ou agglomération en milieu rural. Habitant du bourg. Par extension, relatif à la bourgeoisie. Membre de la bourgeoisie.	Numide
Bourrache	*Bouaraq*	Littéralement : « *père de la sueur* » Bourrache. Nom donné à cette plante pour ses vertus sudorifiques. Plante de la famille des borraginacées, utilisée en tisane comme diurétique.	Numide
Briller	*Baraqa*	Briller. Luire, être brillant. Réfléchir la lumière, être lumineux.	Numide
Brocart	*Barqasha*	Peindre de diverses couleurs. Étoffe brodée avec du fil d'or ou d'argent.	Numide
Broche	*Baraqa*	Briller, brillant. Petit bijou s'épinglant sur un vêtement, un chapeau.	Numide
Burnous	*Burnous*	Burnous. Manteau de laine long ayant une capuche, des pays numides.	Numide
C			
Câble	*Habl*	Cordage. Cordage fait de filaments ou fils métalliques tressés ou mis sous gaine.	Arabe
Caboche	*Qabuçe*	Coiffe. *Qabuça* a donné en	

	Qabuça	portugais *cachola* puis *cachalotte*. Tête.	Arabe
Cachalot	Qabuçe	*Cachalotte* a formé le mot *cachalot*. Cétacé de grande taille, des mers tropicales.	Arabe
Cachemire	Kashmir	Cachemire. Pays où est fabriqué le Tissu. Tissu constitué de poils de chèvre du Cachemire, vêtement de ce tissu.	Arabe
Cafard	Kafir	Incrédule. Anciennement, en français, ce mot signifie faux dévot. Insecte, également nommé « *blatte* ».	Arabe
Café	Qahwa	Café. Graine du caféier, contenant un alcaloïde, la *caféine*. Boisson fabriquée par infusion des graines de café torréfié. Lieu où l'on sert du café et, plus généralement, des boissons.	Arabe
Caftan	Qaftan	Vêtement. Par extension tissu utilisé pour sa confection. Robe longue décorée. Mot issu du turc *qafatan* « *robe d'honneur* », lui-même emprunté au persan *Rhaftan* « *vêtement militaire* ».	Arabe
Cahier	Kurasuh	Cahier. Livraison [d'un ouvrage, d'un manuscrit]. *Kurrasuh* latinisé en *quadr*, *qudras*, *quadrans* : papier plier en quatre ; francisé en *cahier*[31]. Assemblage de feuilles de papier destiné à l'écriture, au dessin.	Arabe

---

[31] Le *papier* qui compose le *cahier* [ou le livre] a été introduit par les Numides dans la péninsule ibérique et qui s'étendit au reste de l'Europe au Moyen-Âge.

Caïd	Kaïd	Chef. Dirigeant. Chef militaire et administratif.	Numide
Calame	Kalam	Plume pour écrire. Roseau taillé servant pour écrire.	Arabe
Calebasse	Qaraha	Gourde. Qaraha donna en espagnol calabaza, kalapaz [946]. Fruit du calebassier qui, une fois vidé et séché, sert de récipient ou d'instrument de percussion.	Numide
Calfeutrer Calfater	Qalfata Qalfat	Être sec, sécher. Qalfata latinisé en caleficere puis francisé en calfeutrer. Boucher les fentes, les aérations d'une pièce, afin d'éviter que l'air froid ne rentre. Rendre étanche un bateau en étoupant les joints et en les recouvrant de brai, de mastic ou de goudron.	Numide
Calibre	Qalib pl. Qoualeb	Forme. Modèle Calibre. Diamètre d'un objet sphérique, diamètre d'un canon. Instrument de contrôle des dimensions de pièces métalliques.	Numide
Calife	Khalif Rhalif	Souverain. De ce mot provient Califat [Khalifat]. Chef de la communauté islamique.	Arabe
Caméra	Moqmera Qamarat	Eclairée [par exemple la lune]. De Qamr [lune] donna en latin camera, en italien camara « chambre, boîte ». Appareil permettant de filmer, d'effectuer des prises de vues. Chambre voûtée.	Numide
Camisole	Qamis	Chemise. Tunique. Qamis donna	

		en latin *camisa* [1524], en italien *camicia* qui devint *quamisolla* [1550]. Camisole de force : vêtement utilisé pour immobiliser des personnes agitées.	Arabe
Camphre	*Qafur*	Substance aromatique provenant du camphrier. *Qafur* donna en espagnol *alcanfor*, en italien. Mot emprunté au malais *kapur Barus* « *craie de Barus* ». Substance blanche, semi-transparente utilisée en médecine comme antispasmodique ou énergétique.	Arabe
Canal	*Qana*	Canal. Voie d'eau creusée par l'homme pour la navigation ou l'irrigation.	Arabe
Candi	*Qandi*	De *qand, qanda* « *sucre de canne* » [Xe siècle]. Substance sucrée produite par la canne à sucre. Qualifie un sucre cristallisé et purifié. Mot emprunté au sanskrit *khanda* « *morceau* » ; 2e préparation du sucre indien.	Arabe
Canon	*Kanoun*	Loi, règle. Règle. Ensemble des règles d'un art, d'une technique artistique.	Numide
Carabé	*Kahraba*	Résine fossile jaune ou orangée. Ambre jaune autrefois utilisé en médecine. Mot emprunté au persan *kahruba*.	Arabe
Carafe	*Qaraha* *Gharafa*	Carafe « *bouteille très ventrue* ». Récipient à goulot large, pour l'eau, les boissons en général. *Qaraha* donna en italien *caraffa* [1499], en espagnol *garrafa* [1570].	Numide

Caraque	*Haraqa*	Brûlot. Navire militaire. Navire au château très haut, utilisé au Moyen-Âge. *Harraqa* donna en génois *caracca* [XIIIe siècle].	Numide
Carat	*Qirat*	Qirat « *graine de caroubier* » ; petit poids. 24e partie du denier à la Mecque. Mesure. Quantification du poids. Quantité d'or dans un alliage en vingt-quatrièmes de proportion (donc or pur = or à 24 carats). Unité de mesure de poids pour les diamantaires [1 carat = 0,2 gramme]. *Qirat* donna en latin médiéval *caratus* [1264]. en italien *carato* [1278].	Arabe
Caravane	*Qarwan*	Caravane. Convoi. Ensemble de commerçants traversant le désert avec des dromadaires portant des marchandises. Ensemble de personnes allant dans la même direction. Mot emprunté au persan *karwan* « *file de chameaux, troupe de voyageurs* ».	Arabe
Cardamine	*Qurduma*	Plante herbacée [famille des crucifères] dont les nombreuses variétés poussent dans des endroits humides ou montagneux et dont la plus connue en Europe est la *cardamine des prés*, aux fleurs mauves, recherchée pour ses propriétés dépuratives et antiscorbutiques. *Qurduma* donna en latin *cardamine*.	Numide
Carmin	*Qarmaz*	Cochenille. Couleur rouge foncée.	

		De la couleur d'un colorant extrait de la femelle de la cochenille. Colorant rouge foncé violacé, extrait de la femelle de la cochenille. *Qarmaz* donna en espagnol *carmez*. Mot emprunté au persan et au sanskrit *krm-ja* [de *krmih* « *ver* » et *ja* « *produit* »] signifiant « *pigment rouge produit par un ver* ».	Numide
Caroubier	*Gharroub* *Rharroub*	Caroubier. Arbre méditerranéen, de la famille des *Césalpiniacées*.	Numide
Carthame	*Qourtoum*	Carthame. Sorte de safran bâtard. Plante de la famille des composées dont l'huile tirée des graines est utilisée en teinturerie. *Qourtoum* donna en latin médiéval *cartamo* [IXe siècle], en ancien provençal *cartami* [1397].	Numide
Carpette	*Zarbiya*	Petit tapis de sol. *Zerbiya* donna en italien *carpita* « *tissu à longs poils servant à recouvrir des meubles* » [XIIIe siècle].	Numide
Câpre	*Kebbar*	Bouton de câprier confit dans le vinaigre, utilisé comme condiment. *Kebbar* donna en latin médiéval *capparis*, en italien *cappero* [1340].	Numide
Carde	*Qerdash*	Tête épineuse du chardon à foulon ou *cardère*. Au refois utilisée pour carder. Peigne muni de pointes d'acier pour démêler des fibres textiles [*carder*]. *Qerdash* donna en latin *cardus*,	Numide

		en provençal *carda* [XIIIe siècle].	
Cardon	*Kharshaf* *Rharshaf*	Cardon. Plante potagère bisannuelle, de la famille des Composées, du même genre que l'artichaut.	Numide
Carte	*Kharita* *Rharita*	Carte de géographie. Parchemin, papyrus. Feuille de carton. *Kharita* donna en latin *charta*, en espagnol, provençal et italien *carta*. Représentation plane de la géographie d'un lieu, d'une région. Petite feuille de carton illustrée d'une figure, composant un jeu de cartes.	Arabe
Carthame	*Qourtoum*	Plante carthame. *Qourtoum* donna en latin médiévale *cartamo* [IXe siècle], en provençal *cartami* [1397]. Plante dont les fleurs donnent une teinture rouge.	Numide
Carvi	*Karwia*	Plante proche du Fenouil, de l'Anis vert et de l'Aneth odorant. *Karwia* donna en latin *carvita* [1080]. Plante dont le fruit est utilisé comme condiment, de la famille des ombellifères. Fruit de cette plante.	Numide
Casbah	*Qasba*	Place forte d'une ville. *Qasba* latinisé devient *conseptare* « *enclore* ». Palais de sultan ou de chef en Numidie, quartier entou-rant ce palais.	Numide
Casser	*Kasser* *Kesser*	Casser. *Kasser* donna en bas latin *quaassare*. Mettre en morceaux, volontairement ou	Numide

		non, par choc, par pression ou par mouvement violent.	
Cassis	Qaçha	Grande écuelle. Arbre fruitier, de la famille des saxifragacées [cassissier]. Fruit de cet arbre, baie noire comestible.	Numide
Cataracte	Qatara Qatter	Écoulement. S'écouler. Chute d'eau très importante. Opacité progressive du cristallin provoquant la cécité ou une vision affaiblie.	Numide
Cautériser	Kedra pl. Kedour	Marmite en cuivre, chaudron. *Kedra* donna en latin *cautere* [1314]. Brûler avec un cautère, dispositif mécanique ou chimique brûlant un tissu organique afin d'éliminer les parties malades.	Numide
Centre	Qatr pl. Aqtar	Contrée. Plage. *Qatr* donna en latin *centrum*, en grec *kentron* [XIIIe siècle].. Diamètre passant par le milieu [géométrie]. Milieu, point à égal distance du pourtour d'un cercle ou d'une sphère. Milieu géographique approximatif.	Numide
Cerise	Karaz	Cerise. *Karaz* donna en latin *ceresia*. Fruit rouge comestible du cerisier. Mot emprunté au turc *kiraz*.	Arabe
Chalef	Rhilaf Chalef	Arbuste ornemental de la famille des Éléagnacées, à petites fleurs très odorantes. *Rhilaf* donna en latin *chalef, chalif*[32].	Arabe

---

[32] AVICENNA [A.H. IBN-SINA - 980-1037], « Liber Canonis de Medicinis cordialibus », Bâle, 1556.

Chaleur	*Shahala*	Soif ardente. *Shahala* latinisé en *calea*, *caleo*. Sous cette forme toutes les expressions avec le suffixe *calo* ont été créées [*calorifique*, *calor*, etc.]. Température élevée, de l'air ou d'un corps.	Numide
Chameau	*Jmal*	Chamelle, puis chameau. *Jmal* donna *chameil*, *chamoil*. Mammifère ruminant asiatique, de la famille des camélidés.	Arabe
Charpie	*Zarbiya*	Tapis. Panneau d'étoffe. De *Zarbiya* donna en latin *carpia*, puis *charpie* [étoffe]. Produit résultant de l'effilage de tissus qui servait autrefois à faire des pansements.	Numide
Chat	*Qat*	Chat mâle. *Qat* [fém. *Qata*] latinisé en *cattus*, *catta*, *catus*. En anglais : *cat* ; en allemand : *katze* ; en français : *chat*. Mammifère carnivore, de la famille des félidés, ayant de nombreuses espèces domestiques et quelques-unes sauvages.	Numide Arabe
Chaudron	*Qedra* pl. *Qoudroun*	Marmite en cuivre, chaudron. Récipient profond servant à la cuisson des aliments.	Numide
Chebec	*Shabaqa*	Filet [au sens de réseau de mailles]. Trois-mâts numide.	Numide
Chemise	*Qamis*	Tunique. Étoffe en générale de fil ou de coton. *Qamis* latinisé en *camisia* et francisé en *chemise*. Vêtement protégeant le buste et, éventuellement, les bras, ayant	Arabe

		un boutonnage par-devant.	
Chicane	*Shikaiya*	Déposer une plainte. Se plaindre au niveau judiciaire. Par extension une plainte. Contestation dans une procédure judiciaire, argutie.	Numide
Chiffre[33]	*Sifr*	*Sifr* signifie vide, zéro être vide, d'où le nombre 0. *Sifr* donna en latin médiéval *zephirum*, puis *cifra* « *zéro* » [XIIe siècle]. Caractère représentant un nombre de 0 à 9. Le zéro étant l'innovation la plus importante et la plus caractéristique du système numérique. C'est le Numide A.H. Al-Qalsadi qui inventa les chiffres [34] *alqalsadiens*. Le mot *chiffre* a fini par désigner toutes les figures de ce système.	Arabe
Chimie	*Kimia*	« *Subtilité* » au sens des secrets des réalités matérielles de la nature. La *Chimie*[35]. *Kimia* donna en latin médiéval *chimia, chymia* [1134]. Science relative à la constitution des corps physiques	Arabe

---

[33] L'Humanité doit l'invention des chiffres 1, 2, 3, 4, 5, 6, 7, 8, 9, 0 à l'illustre A. H. AL-QALSADI [m. 891].

[34] NAS E. BOUTAMMINA, « Les contes des mille et un mythes - Volume II », [Edit. Originale 1 vol. août 1999]. Edit. BoD, Paris [France], novembre 2011, 2ᵉ édition février 2017.

[35] La Chimie a été inventée par le célèbre Perse JABIR IBN-HAYYAN [*Geber* - 721-815] qui a notamment travaillé sur la *chimie minérale*. Son illustre compatriote AR-RAZI [*Rhazès* - 864-925], quant à lui, il a développé la *chimie organique*. Etant le père fondateur de la clinique médicale, la chimie organique lui a permis d'élaborer toutes sortes de médicaments et notamment des antibiotiques.

		élémentaires et aux combinaisons de ces corps, au niveau atomique et moléculaire.	
Chorba	*Chorba*	Soupe épaisse à base de viande ovine, de vermicelle, de légumes secs et tomates.	Numide
Chouia	*Chouiya*	Un peu.	Numide
Cierge	*Cirej*	Lampe, soleil. Bougie de suif ou de matière inflammable entourant une mèche.	Numide
Cime	*Sama*	Ciel. Hauteur élevée. Haut d'une montagne, d'un arbre.	Arabe
Cirage	*Cirej*	Lampe. Fait de cirer, d'enduire de cire ou de cirage. *Cirej* latinisé en *ceragium* prenant le sens de luminaire.	Numide
Cire		Préparation fabriquée à partir de substance animale, ou de substances analogues. En mélange avec des solvants, préparation servant à l'entretien des parquets, des meubles et les faire briller.	
Cirer		Enduire de cire, de cirage.	
Ciste	*Qistoun* *Guistoun*	Plante aromatique. Arbrisseau méditerranéen, de la famille des cistacées, fournissant le *labdanum*.	Numide
Cithare	*Qitara*	Instrument de musique dont les cordes parallèles sont grattées ou frappes. *Qitara* donna en latin *cithara*.	Numide
Clamer	*Kalima* *Kalama*	Prononcer. Proférer des mots, des paroles. *Kalama* donna en latin *clama*, *clamare*: crier, appeler en criant. *Acclamer*,	Arabe

		clameur, acclamation, etc. sont issus de ce terme. Crier, exprimer au moyen de clameurs, vigoureusement.	
Climat	*Qlim*	Inclinaison de la terre vers le pôle. *Qlim* latinisé en *clavis* « *verrou, clé* », de *claudio* « *fermer* ». État de l'atmosphère dans un lieu donné, température, phénomènes atmosphériques, précipitations.	Numide
Cohober	*Kouhba*	Modifier un aspect, une tonalité [par exemple une couleur]. *Kouhba* donna en latin médiéval *cohobare* [XVIe siècle]. Distiller plusieurs fois une liqueur pour la pharmacie.	Numide
Coiffe	*Kuffiya* *Keffieh*	Coiffe. Couvre-tête. Coiffure féminine en tissu ou dentelle, autrefois différente pour chaque région.	Arabe
Collection Collecte Collecter	*Kulliyyat*	Organisation. Action de rassembler. *Kulliyat* donna en latin médiéval *collectio*. Réunion d'objets ayant une ou plusieurs caractéristiques communes. Rassemblement, réunion [de produits ou d'argent].Effectuer une collecte,	Arabe
Colocase	*Kolkas*	Plante colocas ou plante d'Egypte. *Kolkas* donna en latin *colocasie*, en français « *colocase* ». *Colocasia* ou *colocase* est une plante herbacée de la famille des *Aroïdées* cultivée dans l'ancienne	Arabe

		Égypte et encore de nos jours, principalement dans les pays de climat chaud, pour ses tubercules et ses feuilles comestibles, et dont certaines variétés acclimatées servent de plantes d'ornement.	
Cor	*Naqour*	Instrument à vent constitué d'un tube enroulé se terminant par un pavillon évasé.	Numide
Coriandre	*Kouzbour*	Plante aromatique, dicotylédone, annuelle, des pays de zone tempérée de l'hémisphère Nord, formant un genre de la famille des Ombellifères, dont la graine soumise à dessiccation a un goût très agréable et est employée à des fins diverses.	Numide
Corne	*Qarn/Garn*	Saillie pointue. Excroissance dure, pointue et conique, plus ou moins longue et recourbée poussant sur le crâne de certains animaux.	Numide
Cosinus	*Qusiyun*	Arc géométrie. Fonction trigonométrique égale au sinus du complément de l'angle, au rapport du côté adjacent sur l'hypoténuse. *Qusiyun* donna en latin médiéval *cosine* [1175]. Terme introduit par le traducteur copiste Gérard de Crémone [1114-1150] qui traduit les	Arabe

	Qaws Aqwas	ouvrages des mathématiciens perso-numides[36]. Voûte. Arc de cercle. l'angle aigu d'un triangle rectangle.	
Coton	Qutun	Fibres de coton. *Qutun* donna en italien *cotone* [1156]. Fibre textile végétale enveloppant les graines du cotonnier. Fil ou tissu fabriqué avec cette fibre.	Arabe
Couffin	Qoufa	Panier. Panier, cabas de paille tressée. Panier à anses utilisé comme berceau.	Numide
Coupe coupole	Qubba	Voûte. Relatif à la voûte que forme le verre. Latinisé en *cuba* qui devient *cupa*, *cupula* : coupole, petit dôme. Voûte demi-sphérique. Verre à boire de forme évasée.	Arabe
Courbe	Kerkaba Kerkeb	Rouler de haut en bas. Décrit une courbe. Penché d'un côté sans forme d'angle, non vertical. Plié, incurvé, en forme d'arc.	Numide
Courber	Qubba Qariba Karaba	Voûte. Donner une forme courbe, incurvée, à un objet. Être près, se trouver tout près de quelqu'un. Pencher une partie du corps	Arabe
Courge	Qaraha	Plante de la famille des cucurbitacées, à fruits comestibles. *Qaraha* donna en latin *cucurbita*, puis *cohourde*.	Numide
Couscous	Kouskoussou Kouskoussi	Plat de Numidie à base de cette semoule, accompagnée d'un	

---

[36] A. SCHIRMER, « Der Wortschatz der Mathematik », in *Z. für d. Wortforschung*, t. 14, 1912.

		bouillon préparé avec de la viande [mouton, poulet, bœuf, etc.], des légumes et des pois chiches, parfois des raisins secs, épicé et pimenté.	Numide
Crabe	Aqrab	Scorpion. Crustacé à dix pattes dont une paire de pinces, comportant plus de deux mille espèces.	Arabe
Cramoisi	Qermez	Carmin. Ecarlate. Cochenille. *Qermez* donna en espagnol *carmesi* [XIIe siècle]. Qui est d'un rouge foncé, éclatant et tirant un peu sur le violet.	Numide
Cravache	Qerbaj	Badine. Cravache. Badine souple utilisée par le cavalier pour cingler son cheval. Mot emprunté au turc *qirbac* « fouet ».	Numide
Cube	Kaaba	Nom de l'édifice à la Mecque. Parallélépipède rectangle, volume à six faces carrées orthogonales.	Arabe
Cubèbe	Qoubaba	Plante grimpante de la famille des pipéracées. *Qoubaba* donna en espagnol et en provençal *cubeba*, en portugais *cubebas*, en italien *cubebe*.	Numide
Cumin	Kamun	Plante de la famille des ombellifères originaire de Syrie, dont la graine sert de condiment. Graine de cette plaine.	Arabe
Curcuma	Kurkum	Plante originaire d'Inde de la famille des zingibéracées, appelée *safran des Indes*, dont la racine entre dans la fabrication du cumin. *Kurkum* donna en	Arabe

		espagnol *curcuma*.	
Cuscute	*Koshout*	Plante parasite grimpante à tige volubile, de la famille des cuscutacées. *Koshout* donna en latin médiéval *cuscuta*.	Numide

D

Damasquinage	*Damaqsha* *Damashq*	De Damas en Syrie. Lieu où est originaire le damasquinage. Fait de damasquiner, d'incruster des filets décoratifs de matières précieuses sur une surface métallique.	Arabe
Dauphin	*Dulfin*	Dauphin. Mammifère marin vivant en groupe, de la famille des cétacés.	Arabe
Degré	*Derja*	Degré. Gradation. Marche. Échelon. Vient de *Derja* marche d'un escalier, d'une échelle. Par extension, il indique une échelle de valeur. *Derja* donna en latin *gradus*. Échelon, grade. Division d'une échelle de mesure. Unité de mesure d'angle. Unité de mesure de température.	Numide
Diarrhée	*Qatara* *Qatter*	« *Qui s'écoule goutte à goutte* ». *Qatara* latinisé en *diarrhaœ*, *diarrhoia* « *écoulement* ». Évacuation répétée de selles liquides, généralement d'origine infectieuse.	Numide
Diriger	*Araja*	Monter. S'élever. *Araja* latinisé en *arrigere* qui signifie élever, dresser ; de *regere* : diriger en ligne droite. Orienter.	Arabe
Divan	*Diwan*	Coordonner, réunir en un seul	

		corps. Conseil [de chefs]. *Diwan* donna en italien *divano* « *conseil* » [1503]. Banquette, Siège bas et allongé sans bras ni dossier, placé contre un mur et garni de coussins. Mot emprunté au turc *divan*.	Numide
Douane	*Diwan*	Banquette. Coordonner. Conseil [de chefs]. *Diwan* donna en latin médiéval de Sicile *doana*, *dovana* [XIIe siècle], en moderne *dogana*. Service de l'État chargé de percevoir les droits sur les marchandises importées ou exportées.	Numide
Drogue	*Dourawa*	Enveloppe de grain de céréale. Par extension contenant alimentaire, médicamenteux ou autre. Base des préparations médicamenteuses. Médicament. En médecine, substance susceptible de perturber la conscience, la perception de la réalité.	Numide

E

Echalote	*Ashqalani*	Echalote. *Ashkalani* donna en latin médiéval *escalonia* [XIIe siècle], en ancien français *eschaloignes*. Du nom de *Ashkalon*, ville de Palestine. Plante potagère, du genre ail, dont les feuilles et surtout les bulbes sont utilisés comme condiment de saveur moins forte que l'ail.	Arabe

Échec [jeu d']	Shaykh mat	« Le chef est mort ». Relatif au jeu d'échec. Insuccès, revers. Au jeu d'échecs, situation où la case du roi est sous l'attaque directe d'une pièce adverse. Mot emprunté au persan shah mat « roi est mort ».	Arabe
Eden	Adnun de Adana	Être à demeure fixe dans un lieu. Nom du paradis terrestre. Lieu de plaisir et de délices.	Arabe
Éléphant	Fil	Éléphant. Latinisé en elephas, elephans. De l'article el qui devient illé d'où illéphans ; mot passe en vieux français : olifant, puis éléphant. Mammifère ongulé vivant en Asie et en Afrique. Herbivore, il a une peau très épaisse, de grandes oreilles, un nez en trompe et une paire de défenses en ivoire ; c'est le plus gros animal terrestre [6 tonnes].	Arabe
Élixir	Al-Iksir	Terre ferme, non humide. Substance-mère que l'on tirait de certains corps [quintessence]. Préparation médicinale composée de sirop, d'alcool, de substances aromatiques.	Arabe
Enfler Enflure	Nafar	Enflé. Gonflé d'air [abdomen]. Augmenter de volume. Nafar donna en latin médiéval infiare. Enflure. Gonflement, augmentation anormale de volume.	Numide
Émir	Amir	Gouverneur. Prince. dans les pays musulmans.	Arabe
Enquête	Neqat Neqad	Cueillir. Ramasser. Recherche méthodique reposant	Numide

		sur des rapports, des témoignages, des expériences.	
Épinard	*Sebenarh*	Plante herbacée potagère de la famille des chénopodiacées, dont on consomme les feuilles. *Sebnarh* donna en espagnol *espinaca*, en latin médiéval *spinachium* [XIIIe siècle]. Mot emprunté au persan *aspanaarh*, *esfinaj*.	Numide
Erg	*Irq* *Erg*	Artère. Veine. Ligne en relief. Nervure. Vaste région couverte de dune. Unité de mesure de travail, d'énergie et de quantité de chaleur.	Numide
Ériger	*Araja*	Monter, s'élever. *Araja* donna en latin *adrigere*, *arrigere*, *regere* : élever. Dresser à la verticale. Elever, construire.	Arabe
Errer Errement Errance	*Hir* *Hira*	Errer. Vagabonder. Aller ça et là, sans but précis. Fait d'aller au hasard, de divaguer, en parlant d'une pensée notamment. Action d'errer çà et là.	Numide
Esquif	*Cheqef* *Cheqfa*	Tesson, pots cassés, poterie en terre. Par extension, une épave. Petite embarcation légère.	Numide
Essorer	*Ahsssor*	Enlever l'eau ou un liquide d'une chose qui en est imprégnée. Débarrasser une chose de l'eau dont elle est imprégnée.	Numide
Estragon	*Tarhoun*	Plante aromatique [une variété d'armoise] de la famille des composés utilisée comme	Numide

		condiment. *Tarhoun* « *petit dragon* » donna le nom latin *dracunculus* « *petit dragon* ». Noms communs : estragon, herbe dragon, armoise âcre.	
Étable	*Esthabel*	Écurie, étable. *Estahbel* donna en latin *stabulum*. Lieux où sont logés les bestiaux [chevaux, et notamment les bovidés].	Numide
Étouffer	*Touffa*	Mourir. *Touffa* donna en latin *estofer* [1230]. Mourir par asphyxie.	Numide
Étoffe	*Souf*	Laine. *Souf* donna en latin médiéval *estophe* « *matière* » [1241], puis *eteuf* et *étoffe*. Appellation générique des tissus ayant une cohésion et destinés à l'habillement ou à la décoration.	Arabe

F

Fabulation	*Fahlun*	Augure, présage. *Fahlun* donna en latin médiévale *fabulatio*, *fabula* [XIIe siècle]. Représentation de faits imaginaires comme réels.	Arabe
Fabuler	*Fahala*	Dire la bonne aventure à l'aide de quelque chose. Élaborer des fabulations, présenter des faits imaginaires comme s'ils étaient réels.	
Fakir	*Faqir*	Pauvre. Indigent, ascète qui reproduit des tours spectaculaires pour gagner sa subsistance. Mot introduit par les Moghols qui ont dominé la vallée du Gange.	Arabe

Fallafel	Ffilfil	« Poivre ». Plat libanais à base de petites boulettes frites de farine de pois chiches et de fèves.	Arabe
Fanfare	Farfar	Ensemble de bruits, de sons éclatants. Farfar donna en espagnol fanfar, fanfarria [1514].	Numide
Fanfaron	Farfar	Bavard. Inconstant. Volage. Farfar donna en espagnol fanfar, fanfarron [1442]. Qui vante avec exagération ses qualités.	Numide
Fantasia	Fantaziya	Chevauchée. Exercice équestre de cavaliers numides.	Numide
Fardeau	Fard	Obligation. Prend ici le sens de poids moral, spirituel. Charge difficilement transportable. Au sens figuré, chose pénible à supporter.	Arabe
Farouche	Ouahach	Sauvage [animal]. Ouahach donna en ancien français farasche, faraiche en berrichon fourâche « mal apprivoisé ». Qui n'est pas sociable. Violent et peu civilisé	Numide
Fatwa	Fatawa	Avis religieux donné par un mufti, c'est à dire un spécialiste de la loi islamique pouvant porter sur l'ensemble de la vie quotidienne [économie, rituel, société, etc.].	Arabe
Fennec	Fanak	Petit mammifère carnivore de la famille des canidés souvent appelé renard du désert.	Numide
Fier Fierté	Farhur	Fier. Qui est orgueilleux, hautain. Sentiment élevé de sa propre valeur, prétention.	Arabe

Fin	*Fanahun*	Néant. *Fana* : disparaître, s'évanouir. Etat de ce qui est périssable. Moment où se termine quelque chose.	Arabe
Flot Flotte	*Flouka* *Flouk*	Navire. Surnager. Flotter Onde. Flot. Masse d'un liquide en mouvement. Quantité importante d'un liquide. *Flouk* latinisé en *fluctus* « flot », puis *fluctuare* : surnager, flotter. Sont issus de ce terme : fluctuation, fluctuer, flotteur, flottaison, etc. Ensemble de navires.	Numide
Fracture Fracturer	*Faraq*	Séparer. Morceler. *Faraq* donna en latin médiéval *fractura* : éclat, fragment » [XIIe siècle]. Cassure, rupture par un choc violent [d'un os]. Action de rompre. Briser, rompre, casser.	Numide
Fustet	*Fustaq* *Fustuq*	Pistachier. *Fustaq* donna en catalan *fustet* [1249], en provençal *fustel*. Mot emprunté au persan *posta* « pistache ». Variété de sumac, arbrisseau aux houppes plumeuses après floraison, dont le bois, jaunâtre et veiné, sert en médecine et pour la teinture des laines et des cuirs fins.	Arabe

G

| Gabelle | *Qabala* | Acceptation. Promesse. Engagement. *Qabala* donna en italien *cabella* « imposition » [XIVe | Numide |

		siècle]. Impôt sur le sel sous l'Ancien Régime. Administration chargée de le toucher.	
Gaine	*Ganout*	Etui de protection. Tube. *Ganout* donne en ancien en français *guaïne, gaigne* « *fourreau, étui* ». Étui de protection et de rangement, étroitement adapté à la forme de l'objet qu'il est destiné à contenir.	Numide
Gaze	*Qazz*	Littéralement « *bourre de soie* ». Tissu très fin et très léger, de coton, de soie ou de lin, à l'aspect presque transparent, dont les fils de trame sont fortement liés à la chaîne. Mot emprunté au persan *gasa* du nom de la ville de *Gaza* en Palestine.	Arabe
Gazelle	*Ghazella* *Rhazella*	Genre d'antilope qui vit dans les steppes d'Afrique et du désert du Sahara.	Numide
Géhenne	*Jahanama*	« *Enfer* ». *Jahanama* donna en latin *gehenna*. Lieu de séjour des réprouvés.	Arabe
Gueux	*Guellil*	Pauvre. Celui, celle qui est réduit[e] par la plus extrême pauvreté à mendier pour subsister.	Numide
Gingembre	*Zenjebir*	Gingembre. Du nom de Zanzibar, un archipel tanzanien. *Zenjebir* donna en latin *zingiberi, zingiber*, en ancien français *gingibre*. Plante vivace tropicale herbacée dont la racine est employée comme condiment.	Arabe

Girafe	*Zrafa* *Zorafa*	Girafe. *Zrafa/Zorafa* donna en espagnol *azorafa*, en italien *giraffa* [XVIe siècle]. Grand mammifère d'Afrique qui se distingue surtout par son long cou et sa robe tachetée.	Numide
Girofle Giroflée	*Qronfel*	Girofle. *Qronfel* donna en espagnol *gariofilio*, en italien *garofano*. Giroflée. Bouton de fleurs du giroflier [clou de girofle], qui est employé comme épice. Plante vivace de la famille des crucifères.	Numide
Godet	*Qdah*	Petit récipient servant à délayer, recueillir un liquide, une matière.	Numide
Goudron	*Qatran* *Qitran*	Asphalte. Goudron. *Qatran* donna en latin médiéval *catarannus* [1040], puis *catranum* [1160-70]. Substance huileuse, visqueuse et noirâtre, à odeur forte et âcre, obtenue par la distillation de diverses matières végétales ou minérales.	Numide
Gouffre	*Houfra*	Galerie, voûte souterraine. Cavité. Trou profond et large qui s'ouvre à la surface du sol.	Arabe
Goul/Ghoul	*Ghoul/Rhoul*	Monstre. Vampire qui dévore les morts dans les cimetières.	Numide
Gourbi	*Gourbi*	Gourbi. Maisonnette sommaire rurale des peuples de Numidie.	Numide
Gourde	*Qirbat* *Qarha*	Ressemblance avec la courge d'où son utilisation comme gourde lorsque celle-ci est séchée. *Qirbat* donna en latin	

		cucurbita « *courge* » [XIVe siècle], en ancien français *cöorde, cohourde* [*courge*], puis altéré en *gouorde, gorde*. Plante de la famille des cucurbitacées ou fruit de cette plante. Récipient, genre de bouteille incassable, facilement transportable.	Numide
Gueule	*Ghoul/Rhoul* *Koul/Yakoul*	Sorte de démon, ogre. Bouche de certains animaux. Manger. Il mange.	Numide
Guitare	*Guitara* *Qitara*	Guitare. Instrument de musique à cordes pincées.	Numide
Gypse	*Jebs* *Jiss*	Gypse. *Jebs* donna en latin *gypsum* [XIVe siècle]. Mot emprunté au mésopotamien. Minéral essentiellement formé de sulfate de calcium à l'état cristallin [Ca SO2.2H2O].	Arabe

H

Halo	*Hala*	Halo. *Hala* donna en latin médiéval *halos* [XIVe siècle]. Zone diffuse autour d'une source de lumière. at.	Arabe
Hammam	*Hammam*	Bain chaud. De *Hamma* « *chaleur* ». Établissement de bains de vapeur, typique des pays numides.	Numide
Haras	*Faras*	Cheval. *Faras* donna en espagnol *faraz* [XIIe siècle]. Élevage de chevaux de race.	Numide
Harmale	*Harmal*	Harmale. *Harmal* donna en espagnol *harma, alharma*, en	

		portugais *harmale*. Espèce de plantes vivaces de la famille des *Zygophyllaceae*, à fleurs blanc-jaunâtre, utilisée comme plante médicinale.	Numide
Hasard	*Azhar*	Chance. Évènement imprévu. Enchaînement de circonstances échappant à la raison humaine.	Numide
Haschich	*Haschich*	Herbe. Chanvre indien dont on extrait une substance enivrante et narcotique[37].	Numide
Henné	*Hanna*	Henné. Plante originaire d'Inde, utilisée pour teindre les cheveux et les ongles.	Arabe
Hennir	*Hanhan*	Cri du cheval. *Hanhan* donna en latin *hinnire* « hennir ».	Numide
Héritage	*Irthun* *Irth*	Héritage. *Irth/Irthun* donna en vieux français *ariter* « mettre en possession », en provençal *heretatge*, en espagnol *heredage*, en italien *ereditaggio*. Ensemble des biens laissés par un défunt et transmis par succession.	Arabe
Hériter	*Liarth*	Recevoir par droit de succession.	
Hijab	*Hidjab*	De *Hajaba* « voiler, cacher ». Voile qui couvre les cheveux, les oreilles et le cou.	Arabe
Houle	*Haouel*	Agitation de la mer. Mouvement ondulatoire de la mer.	Numide
Hypothèque	*Althiqa*	Confiance. Avoir confiance dans quelqu'un ou quelque chose. *Althiqa* donna en latin médiéval	Arabe

---

[37] Le *chanvre* est utilisé pour ses propriétés anesthésiques par les fondateurs de la Médecine lors d'une opération chirurgicale.

		ipoteca, ipoteque [XIIIe siècle]. Droit réel accordé à un créancier sur un immeuble pour garantir le paiement d'une dette.

I

Immun	*Aman*	Sécurité. Avoir confiance, être en sécurité. *Aman* donna en latin *immunis* [composé de *in* privatif et *munus*], celui-ci devient *immun[re]* « *fortifier* ». Se dit d'un organisme qui résiste, à une maladie face à un agent pathogène. Celui-ci est protégé, il est en sécurité.	Arabe
Immuniser		Rendre réfractaire à une maladie. Sens figuré, rendre insensible.	
Infection	*Munafiq* *Nafada*	Hypocrite. Trompeur, double face. *Nafada* « *pénétrer, traverser* ». Contamination par un agent pathogène. Pénétration dans l'organisme.	Arabe

J

Jarde	*Jard*	Blessure superficielle de la peau. Tumeur dure qui se développe à la partie latérale externe du jarret du cheval.	Numide
Jarre	*Jarra*	Vase d'argile à large bouche. Jarra donna en espagnol *jarra* XIIIe siècle], en italien *giarra* [XIVe siècle[. Grand vase, généralement en poterie, à panse et ouverture larges,	Numide

		servant de récipient pour les liquides, les aliments, les grains ou les salaisons.	
Jaseron	Jzair/Jazair	Alger. Cotte de mailles provenant d'Alger.	Numide
Jasmin	Yasmin	Fleur jasmin. Plante ornementale à fleurs très odorantes de la famille des oléacées. Parfum extrait des fleurs de cette plante. Mot emprunté au persan yasamin, yaasaman, yaasam.	Arabe
Julep	Julab	Essence de rose. Liquide sucré et aromatisé servant de base pour des potions pharmaceutiques. Mot emprunté au persan gul-ab « eau-rose » [« eau de rose »].	Arabe
Jupe	Jubba Jubbet	Veste de dessous. Habit long. Jubba donna en catalan aljuba [XIIIe siècle], en provençal jupa, en italien giubba, giuppa. Vêtement de femme qui descend de la ceinture jusqu'aux jambes.	Numide

K

Khôl/Kohol	Kôhl	Noir. Fard de couleur sombre utilisé pour le maquillage des yeux.	Numide
Kali	Qali	Carbonate de sodium. Plante à feuilles épineuses, qui croît sur les côtes de l'Europe méridionale et dont on retirait autrefois la soude.	Numide
Kefta	Kefta	Viande hachée et assaisonnée, servie en boulettes ou en brochettes. Plat comportant	Numide

		cette viande	
Kermès	*Kermez*	La plante kermès. Plante du genre quercus, petit chêne méditerranéen à feuilles persistantes, sur lequel on recueillait les cochenilles utilisées en teinture. Composé d'antimoine sous forme de poudre brune, recommandé comme expectorant. Insecte hémiptère, cochenille qui se fixe sur des arbres, appelée aussi graine d'écarlate.	Numide
Ketmie	*Khatmiy* *Rhatmiy*	Guimauve. Arbre ketmie. *Khatmiy* donna en latin *ketmia*. Arbre des régions chaudes du globe, de la famille des malvacées, utilisé en ébénisterie.	Numide
Kif	*Kif*	Stupéfiant [drogue]. Mélange de tabac et de haschisch.	Numide
Kif-kif	*Kif-kif*	Pareil. Identique. Semblable. Comparable.	Numide
Kifer	*Kif*	« *Etat de béatitude* » [procuré par le kif]. Apprécier, aimer beaucoup.	Numide
Kilo	*Kaiylun*	Mesure de matières solides. De *Kaiyl* : quantification de substance, de grains, etc. Abréviation de kilogramme. Unité de mesure de masse, équivalant à la masse du prototype déposé à Paris. Unité de mesure de poids valant mille grammes.	Arabe
Kola [Cola]	*Koula*	Kolatier. Kola. Kolatier, arbre de la famille des sterculiacées, produisant le kola qui contient	

		des alcaloïdes stimulants Fruit du kolatier, aux propriétés stimulantes. Mot emprunté à une langue subsaharienne [Afrique de l'Ouest].	Numide

L

Ladanifère [Ciste]	*Ladhan*	Ladanifère. *Ladhan* donna en grec *ladanon*. Arbuste ligneux de la famille des Cistacées, le ciste pousse dans le bassin méditerranéen sur les terres pauvres, particulièrement en Andalousie [*Cistus ladaniferus*].	Numide
Laquais	*Laqiy*	Aller en compagnie de. Rejoindre. Se joindre à. *Laqiy* donna en espagnol *lacayo*, en portugais *lacaio*, en ancien français *alacays*. Valet en livrée, chargé d'accompagner son maître ou sa maîtresse. Homme servile.	Numide
Laque	*Lakk*	Laque. Substance résineuse rouge, semi-transparente produite par la piqûre d'un insecte hémiptère, recueillie sur certains arbres [famille des *Térébinthacées*] et servant à faire la cire d'Espagne, des teintures, des vernis. Mot emprunté au persan *lak*, et celui-ci à l'hindoustani *lakh*, du sanskrit *laksha* « *tache, marque* ».	Arabe
Lascar	*Askari* pl. *Askar*	Soldat. Individu rusé et hardi. *Askar* donna en portugais *lascar* [1577].	Numide

Lazulite Lapis-lazuli	*Lazaward* *Lazurd*	Lapis-lazuli. Lazurite. *Lazaward* donna en latin médiéval *lazulum* [XIIIe siècle]. Mot emprunté au persan *lazward*. Silicate naturel d'aluminium et de sodium, pierre d'une belle couleur bleue, employée en bijouterie.	Arabe
Ligament	*Lijam*	Bride. *Lijam* latinisé en *ligamen* « lien, cordon », en espagnol *ligamiento*, en italien *legamento*. Attache, lien. Faisceau de fibres reliant les os au niveau des articulations ou maintenant des organes en place.	Numide
Lilas	*Lilek*	Fleur lilas. *Lilek* donna en espagnol *lilac*, en portugais *lilas*. Arbuste de la famille des Oléacées, aux fleurs disposées en grappes très odorantes. D'une couleur mauve rosée.	Numide
Limon	*Limun*	Citron. De ce terme est né, par exemple, le mot limonade. Fruit du limonier, citron très acide.	Arabe
Looch	*Lahq*	Lécher. Electuaire. Potion à lécher. Médication. Médicament sirupeux contenant un mucilage et une émulsion. *Lahq* donna en latin médiéval *lohot*.	Numide
Lotier	*Rhalalout*	Lotier. *Rhalalout* donna en latin médiéval *lotus*. Plante herbacée, à petites fleurs le plus souvent jaunes, à feuilles trilobées, qui croît dans les prés, les champs, les bois et peut être cultivée comme fourrage.	Numide

Luffa [loofa]	*Louf*	Cucurbitacée. Cucurbitacée grimpante dont le fruit est utilisé comme éponge	Numide
Luire	*Lamaha*	Briller. Jeter un regard sur quelqu'un. Briller, réfléchir de la lumière.	Arabe
Lumière	*Ilhamun Yalmae* *Lamaha*	Inspiration divine. Lumière liée à la notion de briller. *Ilhamun* donna en latin *lumea* « *qui éclaire, lumière* ». Rayonnement perçu par l'œil, émis par un corps incandescent ou luminescent. Clarté du jour. Briller en parlant d'une étoile, d'un éclair, etc.	Arabe
Luth	*Al-Houd*	« *Le bois* », luth. *Al-Houd* donna en espagnol *alod* [1254], en provençal *lautz* [fin XIIIe siècle]. Instrument de musique ressemblant à la mandoline, joué surtout à l'époque de la Renaissance et du Baroque.	Numide

M

Mahaleb	*Mahleb*	Mahaleb. Cerisier d'Europe, dit bois de Sainte-Lucie, servant de porte-greffe.	Arabe
Madrier	*Madr*	Tout ce qui entre dans l'édification de quelque chose. *Madr* donna en latin médiéval *maderium* [1319], en catalan *madero* [1443]. Planche de bois très épaisse utilisée en construction.	Numide
Magasin	*Marhazen*	Entrepôt. *Marhazen* donna en	

	Pl. Marhzan	latin médiéval *Magazenum* par l'intermé-diaire du provençal [1228]. Lieu aménagé pour le dépôt de provisions ou de marchandises.	Numide
Maison	*Masken* *Meskena*	Demeure. Habitation. Domicile. Bâtiment qui sert d'habitation, de logement.	Numide
Makroud	*Makroud*	Pâtisserie numide à base de semoule de blé et de pâte de dattes, reconnaissable à sa forme en losange.	Numide
Manne	*Man* *Manna*	Don céleste. De *Manaha* « *donner, offrir quelque chose à quelqu'un* ». *Manaha* latinisé en *munire* : fortifier, donner., puis *manna, man*. Suintement sucré provenant de divers végétaux, notamment du frêne. Nourriture ou don imprévu, providentiel.	Arabe
Marabout	*Marabite*	Saint homme, craint et vénéré. Personnage qui détient des pouvoirs magiques, devin, guérisseur.	Numide
Maraîcher	*Marej* *Marj*	Marais. Prairie. Marej donna en latin *mariscum, marescum, marescheius*, en ancien français *maresch* [XIIe siècle]. Relatif à la culture intensive des légumes.	Numide
Marais	*Marj*	Terrain bien humide. Terrain couvert d'eau stagnante et d'une végétation particulière. Bourbier, situation compliquée dont on ne voit pas l'issue. Zone asséchée où se pratique la culture maraîchère.	Numide

Maroquinerie	*Marrakesh* *Marouk*	De la ville de Marrakech [Maroc] Ensemble des techniques de fabrication des objets en cuir. Entreprise qui fabrique des objets en cuir. Magasin de vente d'objets en cuir. Objet en cuir.	Numide
Marrube	*Merrouïa* *Marrobb*	Marrube. Donna en latin *marrubium*, espagnol *marrubio*, en italien *marrobio*. Genre de plantes de la famille des lamiacées composé d'environ 40 espèces de vivaces laineuses, très décoratives par leur aspect velouté.	Numide
Mascara	*Mascara*	De la ville de Mascara située dans l'est de l'Algérie. Fard coloré pour les cils.	Numide
Mascarade	*Masrhera*	Plaisanterie. Comédie. *Masrhera* donna en italien *maschera* [*masque de comédie*]. Tromperie. Déguisement, masque. Action, manifestation trompeuse.	Numide
Masser	*Massed*	Frictionner. De *Mass*, *Massa*, effleurer, toucher. De ce terme ont été crées les mots comme : *massage*, *masseur*, *massant*, etc. Presser, manipuler les différentes parties du corps pour les assouplir et soulager les douleurs.	Numide
Massicot	*Machouq*	Oxyde de plomb. *Machouf* donna en italien *marzacotto* [1301]. Protoxyde naturel de plomb [PbO] de couleur jaune employé dans la fabrication de couleurs,	Numide

		de peintures.	
Matelas	*Matrah*	Lit. De ce mot, le terme aliter a été construit. Genre de coussin plat et rembourré posé sur le sommier d'un lit.	Numide
Matraque Matraquer	*Matraq*	Frapper. *Matraq* désigne un bâton souple. Arme contondante cylindrique courte en bois ou en caoutchouc. Frapper avec une matraque, arme contondante cylindrique courte en bois ou en caoutchouc.	Numide
Méchoui	*Méchoui*	Méchoui. Agneau ou mouton cuit à la broche sur la braise.	Numide
Méhari	*Mehari*	Dromadaire de Numidie véloce.	Numide
Mélancolie Mélancolique	*Malikouliya*	Anxiété. De *Kalak* anxiété. *Mkalak* « *être anxieux* » et *Koulliya, Koulliyat* « *organiser, rassembler, réunir* ». Trouble mental, psychique. En psychiatrie, état dépressif aigu. En psychiatrie, qui souffre de mélancolie	Numide
Merguez	*Merguaz*	Petite saucisse composée de viande de mouton fortement épicée, que l'on fait griller sur des braises. *Merguaz* donna en espagnol *merquze* « *saucisse* », *morcilla* « *boudin* » et *morcon* « *gros boudin* » [1505].	Numide
Mesquin	*Mesqine*	Pauvre, misérable. Médiocre. *Mesqine* donna en espagnol *mezquino*, en ancien provençal *mesquin*, en italien *meschino*. Qui s'attache à ce qui est petit, médiocre, aux détails infimes	Arabe

		sans considération de l'ensemble; qui manque de grandeur, d'élévation, de générosité.	
Messe	*Masha*	Partir. Aller. Se diriger vers quelqu'un. *Masha* donna en latin médiéval *missa* « *action de laisser partir* » [Ve siècle]. Célébration du culte catholique par un prêtre [sens de se diriger, aller vers Jésus].	Numide
Mesure	*Mizan*	Balance. Instrument de mesure des poids. *Mizan* donna en provençal *mezura* « *mesures* » [1290]. Évaluation d'une grandeur par comparaison avec une grandeur de même espèce prise comme référence [unité, étalon]. Quantité, grandeur déterminée par la mesure [dimension, volume].	Arabe
Miroir	*Miraiya*	Miroir. *Mirat* donna en latin médiéval *mirare*, en ancien français *mirreur* [XIIe siècle]. Verre ou surface polie et métallisée qui réfléchit la lumière, les images.	Numide
Modèle	*Methel* *Moumethel*	Semblable. Comparaison. Parallèle. *Methel* : semblable à un autre. Identique. Ressemblance. *Matal* donna en latin médiéval *motulus*, qui devient *modulus* « *ce qui sert de mesure* ». Ce qui sert de référence.	Numide
Mohair	*Murhayyar*	Choix. Sélectionné. Sélection.	

		Murhayyar donna en italien *mocaiaro*, en ancien français *mocayart*. Poil de chèvre angora qui sert à fabriquer de la laine fine et soyeuse. Étoffe tissée avec cette laine.	Arabe
Moka	*Mocha* *Mukha*	Nom de la ville portuaire du Yémen. Variété de café très appréciée. Boisson préparée avec du café.	Arabe
Momie	*Mumia*	Goudron. Bitume. Substance bitumeuse utilisée par les anciens Egyptiens pour l'embaumement. Cadavre conservé par momification.	Arabe
Moniteur	*Mundirun* pl. *Manadirun*	Qui avertit. Qui fait prendre garde. Apôtre. *Al-Mundir* était un roi de Hira. *Mundirun*, *Mundir* donna en latin *monidor*, puis monitor « *celui qui avertit, surveillant* ». Personne exercçant le rôle ou la fonction de guide, de conseiller. Animateur et surveillant d'activités de loisirs.	Arabe
Monture	*Mathiya* *Mathiyoun*	Bête de somme. Animal sur lequel on monte pour se faire porter. Cheval de selle.	Numide
Mosquée	*Masjid* *Masjidun*	*Mâsjid* dérive de *Sajada* qui signifie être à terre, se prosterner. *Masjid* donna en espagnol *mezquita* [1140], en latin médiévale *meskita* [XIIe siècle], en italien *moschea*. Lieu de culte pour les musulmans.	Arabe
Mortaise	*Mourtaza*	Participe passé de *razza* « *introduire une chose dans une*	

		autre ». Mourtaza donna en espagnol *mortoise* « entaille », [XIIIe siècle]. Cavité creusée dans une pièce de bois destinée à recevoir le tenon d'une autre pièce.	Numide
Mousseline	*Mawsili*	Mossoul. Du nom de la ville de Mossoul [*Mausil*] en Mésopotamie [Iraq] sur le Tigre, célèbre pour la toile fine qui y était fabriquée. *Mawsili* donna en italien *mussolina* [*tela*], fém. de *mussolino* « *tissu ou toile de coton ou de laine importés de Mossoul* ». Toile de coton claire, peu serrée, fine et légère.	Arabe
Munition	*Mounathm*	Nourrir. Nourriture, aliments. Apporter, fournir des vivres. *Mounathm* donna en latin médiéval *munitum*, puis *munitio* ; de *munire* « *provisions de bouche* » [1180]. Approvisionnement en vivres et en armes d'une place forte, d'une armée. Munitions : réserve indispensable à une arme [balles, cartouches, etc.].	Numide
Musc	*Miska* *Misk*	Musc. De ce mot provient le terme *muscat*. Substance brune à l'odeur pénétrante, que l'on extrait des glandes abdominales de certains cervidés d'Asie centrale. Mot emprunté au persan *muska* « testicule ». Substance odorante produite par les glandes abdominales de	Arabe

Muscat		certains cervidés. Parfum fabriqué à partir de cette substance. Qui a un parfum ou/et un goût rappelant celui du musc.	
Musicien	*Mouzakji*	Musicien. Mot dérive de musique. Qui compose des pièces musicales Qui joue d'un instrument de musique.	Numide
Musique[38]	*Mouzika*	Musique. *Mouzika* donna en latin médiéval *musica*. Technique et art de combinaison harmonieuse ou expressive de sons.	Numide

N

Nacre	*Naqqara*	Petit tambour. Cavité. Partie creuse. *Naqqara* donna en latin médiéval *naccara* [1295], en espagnol *naccara*, en italien *nacchera*, qui désigne à la fois un instrument à percussion et la nacre [XIVe siècle]. Matière calcaire [mélange de conchyoline et de carbonate de calcium], blanche, dure, à reflets irisés, sécrétée par certains mollusques et revêtant l'intérieur de leur coquille, formée de lamelles superposées parallèles, utilisée en bijouterie, en tabletterie et en marqueterie.	Numide
Nadir	*Nadir*	Point de la sphère céleste opposé au zénith, qui se trouve sur la verticale de l'observateur.	Arabe

---

[38] FARMER, « Historical facts for the Arabian Musical influence », Londres, 1930.

		nadir as-samt « opposé au zénith » ; de nadir « opposé, placé vis-à-vis », samt, « zénith ».	
Naphte	Naft	Naphte. Pétrole. Naft donna en latin naphta « sorte de bitume ». Mot emprunté au persan naphta. Mélange d'hydrocarbures issu de la dégradation de matières organiques anciennement utilisé comme combustible ou dissolvant. Se ce mot est issu naphtaline, naphtalène.	Arabe
Narcisse	Narjis	Narcisse. Narjis donna en latin médiéval narcissus [XIVe siècle]. Plante vivace, bulbeuse, de la classe des Monocotylédones, de la famille des Amaryllis, haute de 30 à 40 cm, dont les fleurs, parfumées, en forme de couronne entourant une clochette centrale, présentent diverses nuances de jaune et de blanc, suivant les espèces ; fleur de cette plante [sur sa tige ou non].	Arabe
Narghilé Narguilé	Narajil	Pipe à eau. Pipe orientale à long tuyau, équipée d'un petit réservoir d'eau parfumée traversé par la fumée lors de l'aspiration. Mot emprunté au persan nargile « narguilé », de nargil « cocotier, noix de coco » [on se servait d'une noix de coco ou d'une boule en métal, ayant la forme de ce fruit].	Arabe
Natron	Natrun	Natron. Carbonate de sodium	Arabe

		hydraté naturel. Pierre salée qui se trouve en Egypte.	
Nebka	*Nabka*	Butte. Monticule. Petit tas de sable dans un désert formé derrière une touffe de végétation, derrière un obstacle.	Numide
Nécrose	*Naqras*	Faute. Faillir. Fatal. Qui mène à une perte, à des conséquences malheureuses. *Naqras* donna en latin médiéval *necros, necrosus*. De là proviennent les termes en français de nécrose, nécromancie, etc. Mort d'un tissu ou d'une cellule.	Numide
Nénuphar	*Nainufar*	Nénuphar. *Nainufar* donna en latin médiéval *nenuphar* [1250]. Plante aquatique à fleurs de la famille des nymphéacées. Mot emprunté au persan *ninufar, nilufar*.	Arabe
Noria	*Naura*	Noria. Machine qui sert à puiser l'eau, composée d'une chaîne sans fin sur laquelle sont accrochés des godets. Élévateur équipé suivant le même principe.	Arabe

O

Œil	*Ayn* pl. *Aynun*	Œil. Organe de la vue qui fait partie du visage.	Numide Arabe
Oliban	*Al-Ouban*	Encens. Plante résineuse. *Al-Ouban* donna en bas-latin *olibanum* [XIe siècle], en espagnol et italien *olibano*. Synonyme d'encens. Gommes résines, se tire d'une espèce particulière de genévrier.	Numide

Optimum	*Adhim[un]*	Grand, immense. *Adhimun* donna en latin médiéval *oddimum*, *od dimum*, puis *obtimum* et *optimum*. De ce terme a été crée : *optimal, optimalisation, optimaliser, optimiser, optimisation*, etc. Désigne l'état le plus favorable, le meilleur possible [= optimal]. Le niveau le plus important, le plus haut.	Numide
Orange[39]	*Naranj*	Orange. Fruit comestible de l'oranger, de forme arrondie et de couleur jaune-rouge. Mot emprunté au persan *naranj*.	Arabe

P

Paletot	*Balto*	Manteau. Vêtement d'homme, boutonné par devant, à poches plaquées, assez court et porté sur les autres vêtements.	Numide
Pastèque	*Batigh* *Batirh*	Pastèque. *Batirh* donna en latin médiéval *batheca* [XVe siècle]. Plante méditerranéenne, de la famille des cucurbitacées, cultivée pour ses fruits très juteux. Fruit de cette plante.	Arabe
Persicaire	*Barsiyana*	Persicaire. *Barsiyana* donna en latin médiéval *persicaria* [1250]. Plante de la famille des Renouées, à fleurs roses ou blanches, poussant dans des lieux humides, utilisée autrefois en médecine comme cicatrisant	Numide

---

[39] L'orange porte un autre nom : *Burtugal*. Ce fruit a été abondamment cultivé dans une région qui porte désormais ce nom : *Portugal*.

		et dans les maladies du système respiratoire, et dont certaines espèces sont cultivées comme plantes ornementales.	
Pharaon	*Farhoun*	Pharaon. Monarque. Souverain de l'Égypte ancienne.	Arabe
Pistache	*Fustaq*	Pistache. Fustuk donna en latin médiéval *pistacchius*, en italien *pistacio* [XIIIe siècle]. Mot emprunté au persan *posta* « *pistache* ». Amande vert pâle contenue dans le fruit du pistachier, comestible et très parfumée, utilisée en gastronomie, en confiserie, en pâtisserie et en charcuterie.	Arabe

Q

Quai	*Taqha*	Appuyer. Le fait qu'on s'appuie, aider. Ouvrage construit au bord de l'eau pour l'accostage, l'amarrage des bateaux et la circulation.	Numide
Quercus	*Qarrouch*	Quercus. *Qarrouch* donna en italien *quercia*. Espèce d'arbres à feuillage persistant de la famille des Fagacées, présent sous forme de bois clairs et garrigues.	Numide
Quintal	*Qintar*	Poids de cent. *Qintar* donna en latin *quintale* [XIIIe siècle], francisé en *quintal*. Mesure de masse égale à cent kilos.	Arabe

R

Raï	*Raï*	Opinion. Annonce. Musique populaire moderne originaire	Numide

		d'Algérie.	
Raquette	Raha/Rah	Paume. *Raha* donna en latin médiéval *rasca* « *tarse* ». Mot introduit par le traducteur copiste Constantin l'Africain [1020-1087] en Europe [1050-1100].	Numide
Rayer	*Harath*	Labourer. *Harath* donna en latin médiévale *arare, radere* « *tracer un sillon* ». Tracer des lignes sur une surface.	Numide
Razzia	*Rhaziya*	Raid. Rafle. Invasion. *Rhaziya* donna en italien razzia. Exécuter une incursion guerrière. Incursion guerrière en territoire ennemi. Butin qui en résulte. Mot emprunté à l'arabe *Rhazwa*.	Numide
Réalgar	*Rahj al-far*	Littéralement « *poison* [poudre] *de rat* ». *Rhaj al-far* donna en latin médiéval *realgar* [1250], en espagnol *rejalgar* [XIIIe siècle]. *Rahj al-ghar* serait une erreur de lecture pour *rahj al-far* « *poison des rats* » Poudre de grotte. Monosulfure d'arsenic, de formule AsS, généralement associé à l'orpiment dans les roches argileuses ou dolomitiques, cristallisant dans le système monoclinique en prismes, en masses compactes granulaires ou sous forme d'incrustations de couleur jaune orangé, et qui était autrefois utilisé en pyrotechnie comme pigment coloré jaune.	Numide

Récif	Rashif	Chaussée. Quoi. Digue. Rashif donna en espagnol arracife « récif » [1498]. Rocher ou groupe de rochers affleurant à la surface de l'eau au voisinage des côtes. Rangée de pierres pavées, chaussée, chaîne de rochers à fleur d'eau.	Arabe
Remblai	Remla	Sable. Travail de terrassement exécuté pour faire une levée, égaliser un terrain, ou garnir un mur d'un revêtement en terrasse.	Numide
Requin	Qirsh Qarsh Qûraîyshûn	Poisson plus imposant que le thon. Qirsh, Qarsh donna en latin carcharius puis carius. Terme générique de tous les poissons sélaciens de haute mer, qui se répartissent en fait en une dizaine de familles [carcharius squalus].	Arabe
Rétama	Retem Rtem	Arbrisseau commun en Numidie. Retem donna en espagnol retama. Genre de plantes dicotylédones de la famille des Fabaceae, sous-famille des Faboideae.	Numide
Risque	Rizq	Rétribution prédestinée. Rizk donna en toscan ris[i]care, rischiare. Destin bien ou mauvais. Danger plus ou moins probable.	Numide
Rob	Robb	« Jus concentré ». Sirop. Robb donna en espagnol rob, en portugais arrobe. Fruit cuit comme le raisin ou la datte.	Numide

		Pharmacologie : suc de fruits concentré obtenu par évaporation prolongée, et ayant la consistance du miel.	
	S		
Sacre	*Shaqr*	Faucon. *Shaqr* donna en latin *sacer* « sacré ». Grand faucon utilisé à la chasse [gerfaut].	Arabe
Safari	*Safar*	Excursion. Voyage. Expédition de chasse au gros gibier en Afrique.	Numide
Safran	*Asfaran* *Zafran*	De *Asfar* qui signifie couleur jaune. *Zafran* donna en latin médiéval *safranum*, en portugais *açafrao*, en espagnol *azafran*, en italien *zafferano*. Qui a la couleur jaune orangé. Nom commun des crocus de la famille des iridacées. Condiment et teinture tiré de la partie supérieure du pistil de cette plante.	Numide
Sahel	*Sahil*	Côte. Zone semi-désertique qui fait la transition entre le désert et le domaine tropical humide.	Numide
Santal	*Sandal*	Bois de santal. *Sandal* donna en latin médiéval *sandalum* [XIe siècle]. Mot emprunte au sanskrit *candana* « santal ». Espèce d'arbres, du genre Santalum, de la famille des Santalacées, dont le bois contient des essences balsamiques; arbre appartenant à cette espèce.	Arabe
Saroual	*Sarouel*	Pantalon. Pantalon flottant à	Numide

	Sarwal	large fond en usage en Numidie.	
Sarriette	*Zahter*	Thym. *Zahter* donna en latin médiéval *satureia*, en ancien français *sadree* [XIe siècle]. Plante aromatique dicotylédone, à fleurs blanches, rouges ou violettes, de la famille des Labiacées.	Numide
Satan	*Shaytan*	Être qui sème le désordre sur terre, qui enfreint les Lois divines. Maudit. Au sens général nom d'un démon ou diable.	Arabe
Savate	*Sebbat*	Chaussure. Vieille chaussure.	Numide
Savon[40]	*Sabun*	Savon. *Sabun* donna en latin *sapo*. Produit lavant obtenu par l'action d'une base [soude] sur un corps gras [par exemple huile olive].	Arabe
Scille	*Ishqil*	Scille. *Ishqil* donna en latin *scilla*, *esquille* [XIIIe siècle]. Plante herbacée bulbeuse d'Europe et de Numidie de la famille des Liliacées et dont certaines espèces sont cultivées pour l'ornementation ou utilisées en droguerie et en pharmacie.	Numide
Sécateur	*Sekkin*	Couteau. *Sekkin* donna en latin médiéval *secare* « couper », puis rajout du suffixe *-ateur*. Gros	Arabe

---

[40] Les Phéniciens et les Assyriens fabriquaient déjà le savon, plus de cinq siècles avant J-C. Les musulmans perfectionnèrent le savon et le diffusèrent de manière industrielle aux confins de l'Empire en rajoutant des parfums variés. C'est en 1906 à Marseille que la France a connu sa première fabrique de savon. Depuis, le *savon de Marseille* est le plus connu en France. Le savon le plus réputé reste bien entendu le fameux et classique *savon d'Alep* [Syrie].

		ciseaux de jardinage munis d'un ressort, dont on se sert pour couper les branches, les tiges	
Sec/Sèche Sécher	*Sheh* *Shiyh*	Être sec. Qui n'est pas humide. Rendre sec. Devenir sec.	Numide
Séné	*Sena*	Séné. *Sana* donna en latin médiéval *sene* [XIIe siècle]. Plante arbustive, de la famille des Légumineuses, du genre *Cassia*. Substance constituée par la pulpe des gousses ou par les folioles desséchées de séné, utilisée pour ses propriétés laxatives ou purgatives.	Numide
Sequin	*Sikka*	La Monnaie. *Dhereb sikka* « *monnayer* ». Matrice de frappe des monnaies. *Sikka* donna en italien *zecchino*. Ducat vénitien frappé en 1250 qui devint avant l'heure la monnaie européenne du commerce.	Numide
Sérail	*Seraïa*	Palais. Au figuré, entourage immédiat d'une personnalité, milieu de courtisans.	Numide
Sésame	*Simsim*	Sésame. *Simsim* donna en latin *sesamum, sesama* [XIIIe siècle], puis *sisam* [XVe siècle]. Plante herbacée annuelle, de la classe des Dicotylédones, essentiellement cultivée dans les régions tropicales et au Moyen-Orient pour ses graines comestibles dont on extrait une huile.	Arabe
Sesbania Sesbanie	*Saysaban*	Sesbania. *Saysaban* donna en latin *sesbanus* [XVIe siècle]. Mot emprunté au persan *ssaban*.	Arabe

		Genre de Légumineuses de la famille des Papilionacées, comprenant des arbrisseaux et des herbes des régions tropicales.	
Seseli	*Sasaliya*	Seseli. *Sasaliya* donna en ancien français *seseli*. Le genre Seseli regroupe des plantes herbacées de la famille des *Apiaceae*.	Numide
Sevrer	*Sefer*	Voyager. Se déplacer, dans le sens de changer d'habitude. Cesser l'allaitement.	Numide
Shérif	*Cherif*	Noble. Personnalité, personnage important par sa position sociale dans une ville, une région. En Angleterre, magistrat qui applique la loi au niveau du comté. Aux Etats-Unis, officier élu, chargé du maintien de l'ordre dans un comté.	Numide
Sigillé	*Sajal* *Sajala*	Enregistrer. Inscrire. *Sajal* donna en latin médiéval *sigillata*, *sigillum* [1250]. Propriété de la terre à recevoir une empreinte. Marqué d'un sceau, d'un cachet officiel qui identifie un document. Relatif à la poterie décorée de motifs en relief.	Numide
Simoun	*Simoun*	Vent de sable sec et violent du désert du Sahara.	Numide
Sinus	*Siyun*	Terme de géométrie et d'astronomie. Trigonométrie, ordonnée de l'extrémité d'un arc portée sur le cercle trigonométrique. *Siyun* donna en latin médiéval *sinus* [1175] à	Arabe

		partir du mot *jayb* « *sinus, corde d'un arc, sinus d'un arc* ». Terme introduit par le traducteur copiste Gérard de Crémone [1114-1150] qui traduit les ouvrages des mathématiciens perso-numides[41].	
Siroco	*Sharqi*	Vent puissant du sud-est. Vent du sud-est chaud et sec, il est souvent chargé de poussières du désert.	Numide
Sirop	*Chrobb* *Robb*	Boisson. Boire. *Machrob/Robb* donna en latin médiéval *siroppus, siruppus, syrup[p]us* [XIIe siècle]. Solution concentrée de sucre, souvent additionnée de substances médicamenteuses ou aromatiques.	Numide
Sloughi	*Slouggi* *Slougui*	Lévrier. Lévrier numide à poil ras.	Numide
Sofa	*Suffa*	Coussin. Estrade élevée couverte de tapis, de coussins, formant un siège d'honneur. Mot emprunté au turc *sofa* « *estrade* ».	Arabe
Somme	*Souma*	Prix d'une marchandise. La cote. Masse d'argent, montant déterminé d'une transaction, d'une opération commerciale.	Numide
Sommet	*Sama* *Samaha*	Ciel. De *Sama* vient *Samahun* « *être haut, élevé* ». *Samahun* donna en latin médiéval *summum* « *le sommet, le plus haut, le point le plus élevé* », puis	Arabe

---

[41] A. Schirmer, « Der Wortschatz der Mathematik », in *Z. für d. Wortforschung*, t. 14, 1912.

		summitas « *partie supérieure, cime* ». Se définit par être très haut, s'élever, se dresser dans les airs, tels qu'une montagne, un édifice. Terme latinisé en.	
Sophora	*Souphayra*	« *Arbre dont le bois jaune est employé pour la teinture* ». *Souphayra* donna en latin *sophora*. Arbre exotique de la famille des Légumineuses.	Numide
Sorbet	*Charbat* *Chrobbou* *Chrobb*	Boire. *Charbat* donna en italien *sorbetto* [XVIe siècle]. Préparation à base de jus de fruit et de sucre. Glace légère à base de fruits confectionnée sans crème.	Numide
Soc	*Sekka* *pl. Sekek*	Soc. *Sekka* donna en castillan *soccos*, *sŭccos* puis en latin médiéval *soccus*. Pièce travaillante de la charrue, faite en acier [autrefois en bois], de forme pointue, s'élargissant vers sa partie postérieure, qui pénètre profondément dans la terre et la fait glisser sur le versoir.	Numide
Sorcellerie Sorcier	*Sahar* *Sehar* *Sahir*	« *Pratique magique des sorciers* ». Résultat de ces pratiques. *Sahar* donna en latin médiéval *sorcelerie*, *sorcererie* [1200], en ancien français *sorcerie*. Mot dérivé de sorcier « *sehar* », avec suffixe -*erie*. Celui qui est réputé pour être en relation avec les puissances occultes et qui peut agir par des charmes et des maléfices.	Arabe
Soude	*Souwad*	Soude. *Souwad* donna en italien	

		soda [XIVe siècle]. Plante de la famille des Salsolacées, poussant le long des rivages marins des pays tempérés, dont les cendres sont riches en carbonate de sodium.	Numide
Soufi	*Sufiyun*	Mystique. De *Suf* « laine » qui était la matière qui composait leur vêtement. Relatif au soufisme, doctrine ésotérique des mystiques et ascétiques « *musulmans* ». Mystique « *musulman* ».	Arabe
Soufre	*Safra* *Asfer*	Jaune. *Safra* donna en latin médiéval *sofre* [1150] Par référence à la couleur du minéral. Métalloïde solide [symb. S_{16}] friable, de couleur jaune, sans saveur ni odeur, qui fond facilement, brûle avec une flamme bleue en exhalant des vapeurs suffocantes [gaz sulfureux], qui est répandu dans la nature à l'état libre ou combiné sous forme de sulfures, de sulfates.	Arabe
Souk	*Souq*	Marché. Marché dans les pays numides. ensemble de rues commerçantes [parfois couvertes] ; chacune de ces rues où les artisans et commerçants sont regroupés par corporation.	Numide
Sourate	*Soura*	Chapitre [du Coran].	Arabe
Sucre	*Sukar* *Sekar*	Sucre. *Sukar* donna en latin médiévale *saccharum* [XIIIe	

		siècle], en italien *zucchero* « *sucre* ». Mot emprunté au persan *sekar*. Substance alimentaire de saveur douce et agréable, généralement cristallisée, que l'on extrait de certaines plantes comme la canne à sucre.	Arabe
Suif	*Wasif*	Noir d'ébène. Graisse fondue, de ruminants en particulier.	Numide
Sultan	*Sultan*	Pouvoir, Titre de certains souverains musulmans. Mot emprunté au persan sultan « *autorité* ».	Arabe
Sumac	*Sumaq*	Sumac. *Sumaq* donna en espagnol *zumaque* [Xe siècle]. Mot emprunté au syriaque *summaq* « *rouge* ». Arbre des régions tropicales qui fournit divers colorants et vernis, famille des térébinthacées.	Arabe
Summum	*Samaha* *Samihun*	De *Sama* : être haut, élevé d'où *Samahûn* qui désigne le ciel. *Samaha* se définit par être très haut, s'élever, se dresser dans les airs. Ciel. De *Sama* vient *Samahun* « *être haut, élevé* ». *Samahun* donna en latin médiéval *summum* « *le sommet, le plus haut, le point le plus élevé* ». Le plus haut point, le plus haut degré qui puisse être atteint.	Arabe
🆃				
Tabi	*Atabiy*	Soie. Sorte de moire de soie. Du nom de *Tabiyya*, quartier de Bagdad [Mésopotamie] où était	Arabe

		fabriquée cette étoffe.	
Table Tabula	Talha	Être long, s'étendre en longueur. Meuble formé d'un plateau posé sur des pieds. Omoplate qui servait à écrire jadis. Disposer une ligne, un paragraphe, des caractères, en indentation.	Numide
Tache	Tabasha	De *Tabaha* : marquer d'un sceau [sceller]. *Tabeh* « sceau, cachet, marque ». Marque, empreinte de salissure, souillure.	Numide
Tajine	Tajine	Ragoût de composition variée. Par métonymie plat en terre cuite muni d'un couvercle conique dans lequel cuit ce ragoût.	Numide
Talc	Talq	Talc. *Talq* donna en latin médiéval talc, *talcum* [XIIIe siècle]. Silicate hydraté de magnésium, friable, onctueux au toucher, à l'éclat nacré, se présentant en gisements sous la forme de cristaux lamellaires ; poudre obtenue par broyage que l'on utilise en dermatologie et en cosmétologie.	Arabe
Taliban	Talib	Mot afghan, emprunté à l arabe, plur. de *talib* « étudiant [théologie] ».	Arabe
Talisman	Talçama Tleçem	Tracer des lignes magiques, ésotériques. Objet marqué parfois de signes cabalistiques.	Numide
Tambour	Tanbur Tbul	Instrument à cordes, ordinairement formé d'un corps creux	

	Thabbal	sur lequel est tendue une peau. Instrument à percussion constitué d'une caisse cylindrique dont les fonds sont formés d'une peau tendue, que l'on fait résonner en frappant la peau supérieure avec des baguettes.	Arabe
Tampon	Tabaha	Faire une empreinte sur quelque chose. Plaque de métal ou de caoutchouc gravée et qui, imprégnée d'encre permet d'imprimer le timbre d'une administration, d'une société.	Numide
Taon	Thaban Daban	Mouche. *Thaban* latinisé en *tabanus*. Grosse mouche piqueuse et suceuse de sang.	Numide
Tapage	Tabtaba	Faire du bruit en tapant sur quelque chose. Bruit important, désordonné.	Numide
Taper	Tabtab	Cogner un matériau [exemple une porte]. Faire du bruit en frappant.	Numide
Tare	Trah Tarh	Soustraction. *Trah/Tarh* a donné en italien *tara* [1332]. Opération par laquelle on soustrait un ensemble d'un autre. Poids qui, sur une balance, équilibre le contenant dans lequel on va verser la marchandise à peser. Poids de l'emballage d'une marchandise.	Numide
Tarif	Tarifa	Montant d'un prix. Tableau indiquant l'ensemble des prix pour un service ou une marchandise donné.	Numide

Targe	*Tarja* *Tarjia*	Bouclier. Petit bouclier en usage au Moyen Âge.	Numide
Tartre	*Dard*	Huile grossière. *Dard* donna *tartaralis* « tartré » [XIIIe siècle]. Mot emprunté au persan *dard* « sédiment, dépôt ». Dépôt, essentiellement composé de bitartrate de potassium, qui se forme dans le vin et s'attache au fond et aux parois des récipients le contenant.	Arabe
Tasse	*Tassa*	Tasse. Tassa donna en espagnol *taza* [1272], en italien *tassia* [1274], en provençal *tassa*, *tassia* [1337-1352]. Petit récipient dont on se sert pour absorber une boisson [généralement chaude].	Numide
Taverne	*Tabarna*	Lieu où en payant, on pouvait boire et manger.	Numide
Thapsia	*Thaisiya*	Thapsia. Thapsia est un genre de la famille des Apiacées.	Numide
Timbale	*Thabbal* *Tbul* *Tanbur*	Timbale. *Thabbal* en portugais *timbal*, en italien *timballo*, *taballo*, en ancien occitan *tambala*. Instrument qu''on percute pour faire de la musique. Instrument de percussion.	Arabe
Toque	*Taqia*	Toque. *Taqia* donna en espagnol *toca* [XIe siècle]. Coiffure sans bords de forme ronde.	Numide
Toubib	*Tebib*	Médecin. Terme venant de *Tib* ou *Tab* « *Médecine* ».	Numide
Tour	*Dour* *Doura*	Tour. Tourner. *Dour* a donné en espagnol *tor*, en italien *torre*.	Numide

		Pourtour de quelque chose. Mouvement de rotation.	
Tourbe	*Tourab* *Trab*	Mot venant de *Tourab* « terre ». *Tourab* donna en latin médiéval *turba* [XIIe siècle]. Matière combustible médiocre d'origine végétale qui se forme par la fermentation et la carbonisation partielle de certaines mousses [mousse, sphaignes, joncs].	Numide
Trique	*Matraq* *Matrèq*	Un bâton souple. De *Taraqa* « *marteler* » [avec un bâton]. Gros bâton utilisé comme arme.	Numide
Turbith	*Turbid*	Turbith. Turbid donna en latin médiéval turbith [XIIIe siècle]. Mot emprunté à l'hindi *tarbud*. Plante purgative. Liseron asiatique dont on utilisait autrefois les racines pour leur propriété purgative.	Arabe
Typhon	*Toffan*	Cyclone. Zone de basses pressions dans laquelle l'air se précipite et tourbillonne.	Numide

U

Usnée	*Ouchna* *Achna*	Mousse. Lichen. *Ouchna* donna en latin médiéval *usnea* [XVe siècle]. Lichen à fructifications ciliées, de couleur grisâtre, qui croît généralement sur l'écorce des arbres et dont certaines variétés sont tinctoriales.	Numide

V

Valise	*Wakiza*	Sacoche. Bagage à main avec	Numide

	Waliha	poignée.	
Vizir	*Wazir*	Ministre. Conseiller. Mot emprunté au persan *vizir*. Fonctionnaire de haut rang, ayant un rôle de conseiller ou de ministre auprès des dirigeants musulmans.	Arabe

Z

Zénith	*Semt*	Chemin, route, direction. *Semt* donna en latin médiévale *zenit* [1150]. Le point directement opposé de la sphère céleste. Point où la verticale d'un lieu perce la sphère céleste au-dessus de l'horizon, le point inverse se nomme « *nadir* ».	Arabe
Zéro	*Sifr* *Sifroun*	Vide. *Sifroun* donna en latin médiéval *zephirum*, puis de la forme réduite de l'italien *zeñro* [1485] lorsque P. Calendar [XVe siècle] a eu connaissance des ouvrages notamment de A.H. Al-Qalsadi [42]. *Zefiro* diffusé en Europe devient la numérotation *Zéro*. Signe numérique n'ayant pas de valeur par lui-même mais qui, placé à la droite d'un nombre, multiplie celui-ci par la valeur 10. Valeur, quantité nulle.	Arabe
Zinzolin	*Djudjulan*	« *Semence de sésame* ». *Djuldjulan* donna en italien *giuggiolena* « *sésame* » [XVIe siècle]. D'un violet rougeâtre et	Arabe

---

[42] P. CALENDAR, « Arithmétique », Florence, 1491.

		délicat.	
Zlabia	*Zlabia* *Zelabia*	Intermédiaire entre un gâteau et une confiserie.	Numide

REPRESENTATION GRAPHIQUE DES MOTS FRANÇAIS D'ORIGINE NUMIDE ET ARABE TRAITES DANS CET OUVRAGE

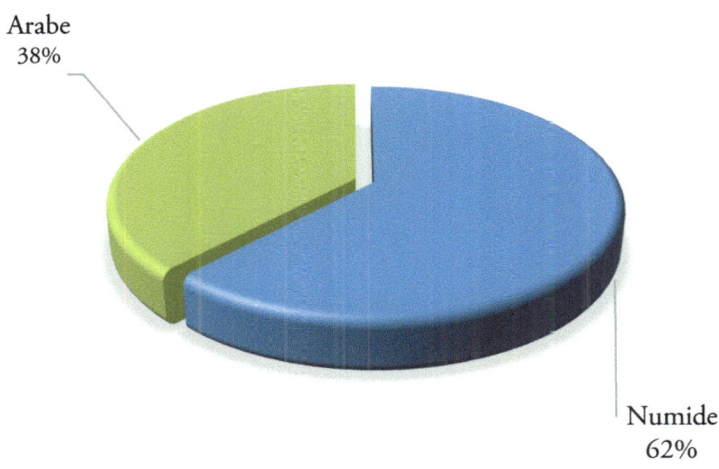

Conclusion

Les données des différentes disciplines comme la sociolinguistique et la linguistique historique démontrent que l'identité sémantique de l'emprunt est un indicateur évident des événements sociétaux et linguistiques des peuples au cours de leur histoire. L'emprunt a naturellement toujours eu un rôle important à jouer dans la langue quant à son adaptabilité à de nouvelles conditions évènementielles ou factuelles.

La France a eu au cours de son histoire des relations étroites avec d'autres sociétés et d'autres langues. Les emprunts qu'elle effectua en sont un témoignage de son adaptation à un monde qui évolue sans cesse.

La question des langues est de fait le reflet des évènements historiques [mœurs, mode, etc.] dans une société. Tout pouvoir politique a, même implicitement, une politique linguistique ne serait-ce que parce qu'il a à établir des relations diplomatiques, culturelles ou économiques avec ses voisins.

Les langues sont des phénomènes sociaux qui dépendent étroitement des cadres politiques dans lesquels elles sont inscrites. Il arrive que les choix politiques s'expriment de façon très nette dans des décisions qui touchent au corpus d'une langue. Ainsi, au Moyen-Âge, les puissants, c'est à dire l'Eglise et les souverains de la chrétienté, au pouvoir hégémonique, décident d'un commun accord d'une politique systématique d'acquisition, de traduction et de latinisation des écrits scientifiques et techniques des savants numides et perses consignés en langue arabe.

Index alphabétique

A

Abbassides, 30
Académie, 24
Affixes, 35
Aludel, 41
Ancien français, 20
Anglais langue, 31
Angle, 25
Angleterre, 26
Arabe langue, 29
Arabe langue endémique, 29
Arabes préislamiques, 29
Arabophonisation, 29
Aristocratie, 24
Autorité judiciaire, 20

B

Bagdad, 30
Bourgeoisie, 24
Bras séculier, 20

C

Califat numide, 30
Califat perse, 30
Catachrèse, 35
Centralisation, 20
Civilisation de Islam Classique [CIC], 30
Colonisation, 26
Composition, 36
Confusion politique, 19
Coran, 29
Coran et arabe, 29
Cour du roi, 20
Coutumes rédaction, 22
Création lexicale, 22

D

Dérivation, 20, 35
Désinences, 22
Dialectes, 19, 22
Dictionnaire, 23, 28
Dictionnaire phonétique, 36

E

Echanges linguistiques, 25
Economique puissance, 26
Ecrit judiciaire, 22
Eglise, 20
Empire romain, 19
Emprunt, 25
Emprunt assimilation culturelle, 27
Emprunt calque, 28

Emprunt direct, 28
Emprunt échange international, 31
Emprunt enrichi langue, 27
Emprunt lexical, 28, 35
Emprunt pragmatique, 27
Emprunt scientifique, 29
Emprunt sémantique, 28
Emprunte mots numides et arabes, 25, 28
Emprunts arabes, 31
Emprunts doublets, 28
Emprunts en négoce, 31
Emprunts en sciences, 31
Emprunts histoire, 26
Emprunts mœurs, 31
Emprunts numides, 31
Encyclopédies, 24
Espagnol, 31

F

Féodalité, 20
France, 26
Francien, 20
François Ier [1494-1547], 22
Franque langue, 25

G

Gallo-roman, 19, 25
Gaule, 19
Germanique, 26
Gréco-latines sources, 23
Grecque version, 21

H

Historiographie linguistique, 22
Historique fait, 19
Humanisme, 23

I

Idiome, 19
Idiome national, 23
Imprimerie, 23
Internet, 26
Invasions germaniques, 19
Italie guerres, 23
Italien langue, 31
Italiques langues, 25

J

Justice royale, 20

L

Langue écrite, 23
Langue évolution, 19
Langue française, 19
Langue histoire, 26
Langue littéraire, 24
Langue romane, 19
Langue vulgaire, 36
Latin vulgaire ou populaire, 19
Latin médiéval, 31
Lexique ancien français, 20

Ligure, 25
Linguistes, 26
Linguistiques, 19

M

Médiéval vocabulaire, 21
Métonymie, 35
Modifications linguistiques, 19
Moines-copistes, 31
Mots numides et arabes, 21, 37
Moyen français, 22
Mutations société, 19
Mythe propagation Islam, 30

N

Néologisme, 35
Numide, 25, 29
Numide langue, 27
Numidie, 30, 36

O

Oc groupe, 19
Oïl groupe, 19

P

Paris capitale, 20
Patois, 22
Péninsule ibérique, 30
Période classique, 20

Perses, 29
Petit Robert, 28
Philologie, 23
Philologues, 26
Politique linguistique, 22
Portugais, 31
Pouvoir royal, 22
Préfixes, 35
Presse écrite, 24
Provençal, 31

R

Renaissance, 23
Roman, 19
Romanes langues, 31

S

Salons de la Cour, 24
Savants numides et perses, 21
Savoir scientifique traduit, 21
Scepticisme, 24
Schémas morphologiques, 21
Schémas phoniques, 21
Scot, 25
Scripta administration royale, 22
Scripta de l'Île-de-France, 20
Scripta locale provençale, 22
Scriptae régionales, 20
Scriptoriums, 31
Sicile, 30
Société féodale, 20

Sociétés féodales occidentales, 30
Suffixes, 35
Système féodal, 22
Systèmes linguistiques, 19

T

Technologies, 26

Traducteurs, 31
Traduction et copies, 21

U

Unification linguistique, 20
Unification politique, 20
Université, 24

Table des matières

Dans les mêmes éditions

Introduction 17

I - Quelques notions de linguistique, de sémantique 19
    1 - Un peu d'histoire 19
        a - Du latin au français 19
        b - L'ancien français 20
        c - Le moyen français : du XIVe au XVIe siècle 22
    B - Création lexicale et sa fixation 23
        1 - La période classique 24
    C - La langue française et ses emprunts 25
        1 - Les types d'emprunts 28
        2 - Mots empruntés au numide et à l'arabe 28

II - Quelques emprunts lexicaux numides et arabes 35
    A - Phonologie 36
    Tableau non exhaustif de mots numides et arabes usités en français 37
    Représentation graphique des mots français d'origine numide et arabe traité dans cette étudE 111

Conclusion 113

Index alphabétique 119

Table des matières 125